Man müsste nur die Wahrheit drucken

Man müsste aufhör'n, sich zu ducken

AF189667

Für Dean Reed, †13. Juni1986

Man müsste nur die Wahrheit drucken

Man müsste aufhör'n, sich zu ducken

Einhundertundzwei Gedichte, Lieder und Texte für Frieden, Humanismus und Völkerfreundschaft

Edition AmericanRebel
Ein unkommerziellesSolidaritätsprojekt.
Sämtliche Verkaufserlöse fließen als
Spende der Arbeit der Onlinezeitung
www.AmericanRebel.de zu.

*Bibliografische Information
der Deutschen Nationalbibliothek:
Die Deutsche Nationalbibliothek verzeichnet diese
Publikation in der Deutschen Nationalbibliografie;
detaillierte bibliografische Daten sind im Internet
über http://dnb.dnb.de abrufbar.*

2. aktualisierte Auflage, 2019

*Cover: Nico Diener
weitere Mitwirkende: Fiete Jensen, Klaus Meier, Kiki
Rebell, Laura Blücher, David Lau*

*Herstellung und Verlag: BoD – Books on Demand,
Norderstedt*

ISBN: 978-3-7448-10746

Inhaltsverzeichnis

Vorwort

102 Gedichte und Lieder von 30 verschiedenen Autoren/-innen in einem Buch, das kommt nicht alle Tage vor. Wenn auch noch alle Texte das gemeinsame Ziel haben, aufzudecken, aufzurütteln, zum Nachdenken und zum Handeln anzuregen, dann können nur Rote Socken dahinterstecken.

So ist es bei der vorliegenden ersten Ausgabe der Edition American Rebel, die wie die gleichnamige Online-Zeitung ihren Namen vom amerikanischen Rebell Dean Reed hat.

Die 30 Autoren/-innen sind so verschieden wie ihre Themen. Da findet sich der Lehrer mit Berufsverbot neben dem österreichischen Komponisten und Liedtexter – die 93-jährige brandenburgische Kommunistin neben dem persischen Poeten, der seit drei Jahren in Deutschland lebt – und die Hamburger Mutter von drei Kindern, die in ihrer kleinen Küche für Obdachlose kocht, neben dem ehemaligen NVA-Soldaten aus dem Gänseblümchenland.

Profis und Laien spendeten für dieses Buch ihre Texte. Der Reinerlös aus dem Verkauf der Sammlung wird ausschließlich für die Arbeit des Dean-Reed-Archivs Berlin und der Online-Zeitung American Rebel verwendet.

Nico Diener

Rezension und Vorwort für die 2. Auflage

Der Titel ist schon fast eine Kurzgeschichte. „Man müsste nur die Wahrheit drucken, man müsste aufhör'n, sich zu ducken" heißt der Band, der über 100 Gedichte und Liedtexte von 30 ganz verschiedenen Leuten, die ihre Gesellschaftskritik von links eint. Der Vorwortautor Nico Diener hat die Anthologie zusammengestellt und als ersten Band der neuen *Edition American Rebel* (als Hommage an den gern als „amerikanischer Rebell" bezeichneten Dean Reed gedacht) kürzlich in Berlin vorgestellt.

In den Gedichten, teils aus den siebziger Jahren, auch sehr viele neue mit 2017 datiert, werden soziale Verwerfungen thematisiert, politisch-historische Diskurse absolviert aus Zeiten früherer Bundeskanzler wie Brandt und Kohl, über Themen wie Demokratie, Bundeswehr und Solidarität. Das klug komponierte Titelgedicht stammt von malcom.z – Pseudonym eines DDR-Liedermachers. Bekannte Autoren wie der österreichische Dramatiker Heinz Rudolf Unger oder die Dichtersänger Jürgen Eger und Frank Viehweg stehen neben engagierten Amateuren wie der „roten Oma" Elisabeth Monsig, die trotz ihrer 93 Lenze noch an Demos und Straßenaktionen teilnimmt, oder Abel Doering, der 20 Jahre lang Bücher verkaufte, und sein Antiquariat kürzlich schloss.

Nicht alles ist große Literatur, aber in der Vielfalt der Handschriften und im politischen Engagement kurzweilig und zugleich augenöffnend zu lesen.

bebe in *Das Blättchen*.de, 23.10.2017

Man müßte...

Man müßte sich zu sagen trauen,
was viele denken,
und es ist Krieg.
Man müßte Barrikaden bauen
und Liebe schenken,
und es ist Krieg.

Man müßte Streiks organisieren
und agitieren,
und es ist Krieg.
Steuererklärungen frisieren
und schließlich alle Angst verlieren,
und es ist Krieg.

Man müßte neuen Mut gewinnen
für's kollektive Neubeginnen,
und es ist Krieg.
Man müßteendlich mit allen Sinnen
Diätenlügenstroh zu Lebensgold verspinnen,
und es ist Krieg.

Man müßte für den Frieden singen
und demonstrieren,
und es ist Krieg.
Es muß den Völkern doch gelingen,
sich friedlich selber zu regieren,
und es ist Krieg.

Man müßte Lüge und Betrug verbieten
und in der Lebenslotterie die Nieten,
und es ist Krieg.

Man müßte solidarisch sich verbinden
und seine Trägheit überwinden,
und es ist Krieg.

Man müßte nur die Wahrheit drucken,
man müßte aufhör'n, sich zu ducken,
und es ist Krieg.
Man müßte eigne Meinung wagen
und das Wort Widerstand laut sagen,
und es ist Krieg.

Doch man macht gerade seinen Job.
Man greift sich höchstens an den Kopp,
bucht schnell mal günstig einen Tripp,
kleidet sich und gibt sich hipp,
freut sich des Lebens
und hofft, es sei nicht vergebens.

malcom.z, 2010

Während ich lebe

Während ich, Susanne Fiebig, lebe...
Während ich friedlich schlafe, im weichen Bett mit
dickem Kopfkissen, frieren draußen Menschen, auf
kaltem, hartem Boden, ohne Schutz vor Gewalt,
Regen oder Frost.

Während ich morgens dusche, mit sauberem, heißem
Wasser und einer Portion Duschgel mit Lavendelduft,
machen sich gerade andere Mütter auf den Weg zu
einem Brunnen. Weit weg von ihrem Dorf, zu Fuß
und ohne Schuhe.

Während ich mir morgens hastig eine Schale Müsli reinstopfe und noch schnell eine Banane für unterwegs greife, stirbt gerade eine Frau, gezeichnet vom harten Leben macht sie ihren letzten Atemzug. In Europa hätte ihr ein Antibiotikum geholfen.
Aber Europa ist weit weg.

Während ich meine Kinder zur Schule bringe, die Zeit zum Plaudern genieße, sie zum Abschied küsse und necke, arbeiten andere Kinder gerade in schäbigen Fabriken, um unseren Konsum zu stillen, haben keine Chance auf Bildung, nur die Chance, ihr Leben zu verlieren.

Während ich auf Arbeit mit Kollegen lache, neuste Rezepte und Nachrichten austausche, tötet gerade eine Autobombe zig Menschen, Väter, Mütter und Kinder. Das Leben vieler wird ausgelöscht. Krawumm, Staub, Chaos, Angst und Tod!

Während ich nach Feierabend durch Aldi & Co schlendere, „Was mach ich bloß zum Abendbrot?" in meinem Kopf das Hauptproblem zu sein scheint, bettelt gerade ein Vater um ein wenig Geld am dreckigen Straßenrand. Mit leeren Händen nach Hause gehen kann er nicht...

Während ich frisches Brot, Butter und verschiedenen Belag auf den Tisch platziere, das Auge isst ja schließlich mit, verhungert gerade ein Kind, in den Armen seiner Mutter... beide wurden geboren um zu leiden.

Während ich mit meinen Kindern auf dem Sofa kuschele, dem Sandmann lausche und „Zähneputzen nicht vergessen" vor mich hin sinniere,beten gerade unzählige Menschen zu Gott, wünschen sich ein besseres Leben. Wünschen sich Frieden und Ruhe.

Während meine Kinder schlafen, gesund, satt und geküsst vom Leben, schließen viele andere auch ihre Augen, hungrig, einsam, verzweifelt, krank, ängstlich...

Während ich erneut im Bad mit Wasser und teuren Cremes, hab auch ich schon Falten, um mich „schmeiße", suchen unzählige Menschen gerade Schutz vor der nächsten Nacht, im „Irgendwo" mit dem Gedanken „Irgendwie muss es..." Schutz vor Bomben, vor Kälte, vor Terroristen. Das Wort Heimat schmerzt im Herz.

Während ich am Abend meinen Laptop anschalte, muss meine Gedanken sortieren bevor ich dran kaputt gehe, gehen andere Menschen daran kaputt, weil wir nicht besser auf sie aufpassen, sie ignorieren und ihr Elend, ihren Hunger und ihren Tod tolerieren und nicht für sie gekämpft haben!

Während ich hier sitze und schreibe, links eine Zigarette, rechts Malibu, bin ich so klein, so machtlos, so verzweifelt, möchte ganz laut schreien.

Doch tief im Herzen weiß ich, ich bin nicht dumm oder naiv. Das laßt euch gesagt sein!

Während ich hier schreibe, wünsche ich mir nur eines,
oh bitte, lasst uns endlich aufwachen!!! Bitte, bitte...

Es ist genug für alle da! Versprochen, ich schwöre es!
Lasst uns dran glauben!

Susanne Fiebig, 2017

Klage

Das aber ist das Traurigste: zu sehen,
Wie tief die Menschheit wurzelt im Gemeinen,
Wie Taten, die uns hier die höchsten scheinen,
Zumeist aus niedrem Antrieb nur geschehen.

Wie es die Besten selbst so schwer verstehen,
Dass man nur schöpfen dürfe aus dem Reinen,
Und wie es gibt von Tausenden kaum einen,
Der sich den eignen Vorteil lässt entgehen.

Und so geschieht es, dass in diesem Leben
Ein hoher Sinn gereicht zu Hohn und Schande,
Ward des Erfolges Glanz ihm nicht gegeben.

Und so geschieht's auch, dass sich bis zum Rande
Gewinnsucht füllt, indes ein selbstlos Streben
Versiegen muss, so wie der Quell im Sande.

Antje Potratz, 2017

Der Demokrat

Gern fragt sich der Demokrat,
was er NICHT zu leiden hat.
Die Angst vor einer Diktatur
bewegt ihn zu dem heilg'en Schwur:
„Ich bleibe stets ein Demokrat."
Selbst, wenn er nichts zu beißen hat.

Wer stets nur klein're Übel wählt,
der hat dem Übel sich vermählt.

Die Werte bleiben wertlos, weil:
Armut ist das Gegenteil.
Wobei ja noch fast jeder unkt:
Der Mensch ist nur ein Mittel. Punkt.

ReneWolf, 2017

Politiker, die Staaten lenken

Politiker, die Staaten lenken,
sollten dabei auch bedenken,
was das Volk im Land bewegt
und sich in den Herzen regt.

Egal ist, was die Bürger sagen,
warum sollte man sie fragen?
Wirtschaft bestimmt unser Leben,
alle nach Profit nur streben.

Sehr viele Völker sind in Not,
hätten statt Waffen lieber Brot.
Lieber hilft man den Despoten,
die Bodenschätze angeboten.

Es werden Länder unterstützt,
wenn es den Helfern etwas nützt.
Ist in den Ländern nichts zu holen,
wird auch kein Einsatz dort befohlen.

Doch wirken lukrative Pfründe,
gibt's für den Einsatz viele Gründe.
Plötzlich ist Menschlichkeit gefragt
und Waffenhilfe angesagt.

Denn werden Waffen nicht gebraucht,
der Fabrikschornstein nicht raucht,
wird das Arbeitsplätze kosten
und Maschinen werden rosten.

Warum nicht gleich darauf verzichten
und sich nach den Menschen richten?

Werner Hüper, 2017

Politiker, die Staaten lenken

Politiker, die Staaten lenken,
können schon recht logisch denken.
Wachstum geht da über alles,
Bis zum Fall des großen Knalles.
Der Grund dafür ist ganz banal,
Heißt schlicht und einfach KAPITAL.

*„Mit entsprechendem Profit wird Kapital kühn. Zehn
Prozent sicher, und man kann es überall anwenden;*

20 Prozent, es wird lebhaft; 50 Prozent, positiv und
waghalsig; für 100 Prozent stampft es alle
menschlichen Gesetze unter seinen Fuß; 300 Prozent
und es existiert kein Verbrechen, das es nicht riskiert,
selbst auf Gefahr des Galgens."

(Karl Marx, „Das Kapital")

René Wolf, 2017

Kurzer Besuch

Es leben Menschen auf dem Mond, die wollten schon
immer mal die Erde besuchen. Der blaue Planet lockt.
So nah. Und landen dann im Februar auf einem
unbestellten Feld zwischen Crussow und
Gellmersdorf. Und nehmen Bodenproben. Mit großer
Vorsicht und steril. Abgepackt. Und hüpfen noch ein
bisschen herum auf diesem Feld. Ausgelassen, nachts
um halb vier. Offenbar unbewohnt der blaue Planet.
Macht nichts. Sie spielen Fußball mit einem
Lehmklumpen. Seltsam und aufregend dieser
Lehmklumpen. Matschig. Ob es hier intelligentes
Leben gibt? Vielleicht Spuren von Leben? Die
Analyse später. Zuhause. Schnell pflanzen sie noch
ihr Fähnlein auf, salutieren, und machen ein paar
Fotos. Die Zeit wird knapp. Der Mond geht auf und es
heißt Abschied nehmen. Von weitem sah der Planet so
spannend aus.

Wilfried Bergholz, 1984

Unterwegs

Meinen Genossinnen und Genossen der KPD

Wir sind unterwegs, im hundertsten Jahr des Oktober.

Wir schreiten als eng geschlossenes Häuflein, uns fest an den Händen haltend, auf steilem und mühevollem Wege dahin. Wir sind von allen Seiten von Feinden umgeben und müssen fast stets unter ihrem Feuer marschieren. Wir haben uns, nach frei gefasstem Beschluss, eben zu dem Zweck zusammengetan, um gegen die Feinde zu kämpfen und nicht in den benachbarten Sumpf zu geraten, dessen Bewohner uns von Anfang an dafür schalten, dass wir uns zu einer besonderen Gruppe vereinigt und den Weg des Kampfes und nicht den der Versöhnung gewählt haben.

Und nun rufen uns welche zu, wir wären vor ein paar Biegungen selbst in sumpfiges Gelände geraten, und sie bezweifeln, wir hätten die richtige Karte dabei. Ihrer andere meinen sogar, wir hielten die Karte verkehrt herum, und wir hätten den richtigen Abzweig verpasst.

Weitere klagen, sie kämen ja gern mit uns mit, doch das Gelände sei ihnen zu steinig und steil und sie fürchteten Schürfwunden und Stürze. Dann gibt es noch die, die interessiert schauen, aber auch furchtsam sichere Distanz zum Rand des Weges halten, um nicht in die Querschläger unserer Feinde zu geraten.

Wieder andere tuscheln, wir seien ihnen zu schmutzig, die Hände und die Köpfe ungewaschen, und so wollten sie auf keinen Fall mit uns ziehen. Schon gar nicht würden sie dies, wenn der eine unter uns weiter mitkomme, der Tatkräftige, der mit dem buschigen Schnauzbart.

22

Danach hören wir dort, aus dem tiefen Morast, die große Gruppe derer laut reden, deren wahrer Platz gerade im Sumpf ist, und sie rufen dickbäuchig und dünnen Geistes, wir hätten einhundert alte Bücher zu viel im Gepäck, die seien nur Ballast, seien hier nutzlos, und gehörten hinfort.

Ein paar letzte nun sehen uns abschätzig an, und wir hören sie verstohlen flüstern, sie wollten erst einmal abwarten, ob wir überhaupt in der Lage wären, ein paar Meter weiter voranzukommen, denn vieles sei uns nicht zuzutrauen. Sie tuscheln abfällig über unsre Gefährten, Anzahl, Ausrüstung, all dies lasse nicht viel erwarten.

Aber dann kommt einer, der all derer nicht achtet, der hinzutritt zu uns, der uns ruhig grüßt. Und er grüßt uns ohne zu klagen, ohne zu flüstern oder sich zu beschweren und sagt, er habe denselben Weg wie wir: steil hinauf.

Wir sind unterwegs, im hundertsten Jahr des Oktober. Wir hören Gerede, Geläster und falschen Rat, und schreiten weiterhin als eng geschlossenes Häuflein, uns fest an den Händen haltend, auf steilem und mühevollem Wege dahin, jetzt einer mehr als soeben.

Wir sehen genau hin, ob der nächste Fußtritt trägt und der nächste Stein hält. Wir laufen nicht nicht wieder hinab zu all jenen, denn der Weg nach vorn ist sehr steil. Wir reichen dem nächsten, der hinzutritt, unsere sauberen Hände und schauen mit ihm gemeinsam hinauf.

Emko, 2017

Danke, Ernst

„Heute verbrennt ihr meine Papierkörbe, morgenmeine Hobelbänke und übermorgen steckt ihr mir dasDach überm Haus an", schrie mich mein Lehrherr,Ernst Zwintscher, an. Und dann war da noch etwas,eine anschließende Hinzufügung, die voller Wut ausseinem Halse grölte: „Ihr Kommunisten!"

Das machte mich, den 17-jährigen Tischlerlehrling,neugierig.

Ich, der schon vier Tage lang an der Hobelbank stand, nicht wusste, was er machen sollte, weil wieder einmal niemand Zeit für den Azubi hatte, ergriff die Initiative und baute mit den Jungs aus dem ersten Lehrjahr neue Papierkörbe. Gebaut nach allen Regeln der Tischlerkunst, mit Zinken, Schwalbenschwanz und Politur, verteilten wir sie an die Gesellen, die uns dafür ihre alten Kisten gaben. Brennend im Späneofen erspähte der Alte die alten, er der Sozialdemokrat, selber einmal Prolet gewesen, fasste sich nach seinem cholerischen Anfall an sein Herz, bereit zu schreien: „Du schickst mir morgen deinen Vater zu mir", und wiederholte noch einmal lautstark: „Du Kommunist!"

Kommunisten sind also Menschen die nicht herum-stehen, die die Initiative ergreifen und Jüngeren etwas beibringen?! Im Herbst des gleichen Jahres wurde ich Kandidat der Roten Garde, der Jugendorganisation der KPD/ML.

Danke, Ernst!

Fiete Jensen, 2017

24

Helden

Ich benutze das Wort „Held" sehr vorsichtig, da die meisten, die als Helden gefeiert werden, doch nur Mörder sind, die auf einem Schlachtfeld ihresgleichen suchten. Aber bei den Geschwistern Hans und Sophie Scholl benutze ich dieses Wort mit Ehrfurcht, da sie sich mit dem Wort gegen Waffen erhoben haben.

Klaus Meier, 2015

Der weite Weg zum Kommunismus

So weit ist der Weg, wer mag ihn da gehen?
Was kann einem da unterwegs noch geschehen?
Denn Wegelager gibt es in Massen,
die wollen dich nicht diesen Weg gehen lassen.
Dann wärst du ja für ihre Ziele verloren,
Kommunismus klingt fürchterlich in ihren Ohren.
Sie brauchen doch Sklaven für ihre Profite,
das ist im Kapitalismus so Sitte.
Und selbst wollen sie auch nicht auf Schlachtfeldern liegen,
der kleine Mann soll kämpfen, siegen.

Und Soldatenfriedhöfe gibt es viele.
Die werden gepflegt, nach jedem Kriege.
Damit die nächste Generation,
nicht nur der Vater fällt sondern auch der Sohn.

Ist auch der Weg zum Kommunismus weit,
ihn zu beschreiten ist höchste Zeit.
Es lohnt sich zu kämpfen für unser'n Sieg.
Für ein friedliches Leben ohne Krieg.

Elisabeth Monsig, 2015

Das lächelnde Gesicht

Die Welt nimmt Abschied von dir.
Von einem, der nicht geschwiegen hat.
Von einem, der wusste, was kommt.
Von einem, der nie Ruhm für sich erbat.
Du hast der Welt ein Stück Hoffnung gegeben.
Kalt und bleiern grau wölbt sich der Himmel über der
Mutter Erde.

Blut tränkt den Boden, Leid quält die Völker auf allen
Kontinenten,
Jene Völker, die den Blick angstvoll in alle
Richtungen wenden.
Immer hoffend, dass die Endzeit niemals kommen
werde.

Ein Vergessen wird es nicht geben.
Eine Erinnerung wird immer bleiben.
Eine Erinnerung an Dein Versprechen, das da lautete:
„Ja zum friedlichen Leben!"

Nun hast du die Augen geschlossen.
Hast Deine Ruhe gefunden, fort von den
schwerenStunden unserer Welt, hin zu leichterem
Sein. Denn wir wissen:

Dein Herz hat aufgehört zu schlagen, doch sind wir
niemals allein.
Und darum ist's nun Zeit, dir „Adiós" und „Danke" zu
sagen.

Matthias Wolf, 2017

Solang

nach Julia Drunina

Drei treue Freunde schenkte mir die Zeit,
Den einen liebte ich all meine Jahre.
Ich wärmte mich an seiner Zärtlichkeit
Und habe nie gefrorn bis an die Bahre.
Der Tod riß seine Hand von meiner Hand,
Ich sag es nicht, um Mitleid zu erregen.
Beneiden muß man mich, daß ich ihn fand,
Und Jahre mit ihm ging auf allen Wegen.

Und einer war im Krieg mein Kamerad,
Er war ein Kind und war ein großer Dichter.
Doch als er starb, starb er nicht als Soldat,
Ich sah am Grab in fragende Gesichter.
Ich senkte meinen Kopf und alles schwieg,
Ich suchte sinnlos Gründe zu benennen.
Ein Panzerfahrer überlebt den Krieg,
Um dann in Friedenszeiten zu verbrennen.

Auch eine Jugendfreundin blieb mir nicht.
Sie holte wohl vom Himmel keine Sterne,
Doch brannte in ihr so ein helles Licht
Ganz wie von einer Tausend-Watt-Laterne.
Warum, so fragt man mich zum Neuen Jahr,
Sind wir auf das Erinnern so versessen?
Weil, daß ein Freund uns starb, das ist nicht wahr,
Solang ihn seine Freunde nicht vergessen.

Frank Viehweg, 2014

Das Problem
Bitte an Martina

Nicht, daß wir essen, wo andere darben
Nicht, daß die Wunden, die nie mehr vernarben
Einfach durch Zufall nicht unsere sind
Nicht, daß wir feiern, wo andere sterben
Nicht, daß uns selbst noch ein Haufen von Scherben
Glück bringt, wo andere mittellos sind

Nur, daß wir darüber die Träume vergessen
Und kleinlich die Welt wie ein Grundstück vermessen
Und Neid und Besitzgier in Liebe umlügen
Und in unsren Grenzen uns selber genügen
- Wenn ich es bin: Nimm es nicht hin -

Nicht, daß wir schlafen, wo andere fliehen
Nicht, daß wir höchstens vor Fotografien
Ahnen, was Elend und Selbstachtung sind
Nicht, daß wir schweigen, wo andere schreien
Nicht, daß wir uns jede Schwäche verzeihen
Und unsre Sorgen die dringlichsten sind

Nur, daß wir darüber die Träume vergessen
Und kleinlich die Welt wie ein Grundstück vermessen
Und Neid und Besitzgier in Liebe umlügen
Und in unsren Grenzen uns selber genügen
- Wenn ich es bin: Nimm es nicht hin -

Frank Viehweg, 2002

28

Die andere Seite vom Schreibtisch

Gedanken eines Erwerbslosen ein paar Tage vor dem Termin im Jobcenter

In ein paar Tagen ist es mal wieder so weit, es wird mir mal wieder aufgezeigt, dass ich alles falsch in meinem Leben gemacht habe. Es war falsch, in die Schule zu gehen und erst recht war es falsch, in der Schule aufzupassen und etwas zu lernen. Ich höre heute noch die Gesellschaft rufen „lerne etwas und viel, damit du mal ein Auskommen mit deinem Einkommen hast", und genau das habe ich getan. Mit guten Noten von der Schule in eine Lehre und auch die mit guten Noten bestanden. Ich hatte sogar Glück und wurde noch für ein paar Jahre übernommen, und so fing ich an, mir ein Leben aufzubauen.

Ich dachte noch so bei mir „alles richtig gemacht", aber die Sachbearbeiter des Jobcenters erklären mir seit Jahren etwas anderes. Umschulungen und Weiterbildungen, selbst das richtige Schreiben von Bewerbungen und des Lebenslaufs lernte ich ab da jedes Jahr aufs Neue. In eine langfristige Erwerbsarbeit brachte mich das aber nie. So zogen die Jahre ins Land, vergessen waren meine guten Noten in der Schule, vergessen die guten Ausbildungen und Weiterbildungen. Ja selbst die paar Jahre Berufserfahrung wurden mir aberkannt. Alles was ich machte war laut meiner Sachbearbeiter falsch.

Und jetzt ist es wieder an der Zeit, alle 6 Monate wird zur Kontrolle zitiert, wo über die Bemühungen, in Erwerbstätigkeit zu kommen, gerichtet wird. Bewerbungen können es nie genug sein, undauszusetzen an den Bewerbungen ist auch immer etwas. Immer ist man selber schuld, immer ist es eigenes Versagen, immer hat man alles falsch gemacht. Sie erklären einem das Leben und bestrafen einen, wenn man nicht zu allem Ja sagt, mit dem Entzug der Existenz.

Heute kann man nichts mehr richtig machen. Verlierer sind immer die auf der anderen Seite des Schreibtischs. Sie sind es, die alles falsch gemacht haben in ihrem Leben. Sie sind es, die doch selber Schuld an allem haben.

Heute weiß ich, was ich falsch gemacht habe, ich bin erwerbslos geworden und habe damit das Recht verloren, als Mensch behandelt zu werden.

Klaus Meier, 2017

Unsere Angst sind ihre Freunde
Gedanken eines Erwerbslosen ein paar Tage nach dem Termin im Jobcenter

Es war wieder mal so weit, das Jobcenter orderte zum Rapport. Es sollte wie immer nach 6 Monaten berichtet und kontrolliert werden, was man getan hat zur Minderung der eigenen Bedürftigkeit im Sinne des Sozialgesetzbuches. Pünktlich zum Termin erschienen, gewährt man Einlass.

Begrüßt von einem alten Freund, der mal hören wollte, was man so die letzten 6 Monate getrieben hat. Anbei legt man ohne Aufforderung wieder mal die geforderten Unterlagen zur Einsicht vor. Auch die Bewerbungen für eine Erwerbstätigkeit sind wie immer dabei. Diese Bewerbungen, die man so sorgfältig, nach bestem Wissen und Gewissen, hoffend auf eine auskömmliche Erwerbstätigkeit verfasst und bei allerlei möglichen Erwerbsplätzen postalisch oder persönlich hinterlegt hatte.

Natürlich brachten auch diese Bewerbungen keine erwünschten Resultate und wurden darum auch missgünstig begutachtet. Aus dem Freund, den man nur besuchen sollte, wurde der Inquisitor des Jobcenters. „Das hätte ich" oder „hier hätte ich" bis einfach nur „Falsch" war wieder alles dabei. Auf die Frage nach dem Warum gab es wie immer keine Antwort oder Begründung. Da half auch kein darauf hinweisen, dass man nur das umgesetzt hatte, was man im letzten Bewerbungslehrgang des Jobcenters erlernt hatte. Denn dann haben die halt auch beimBewerbungslehrgang alles falsch gemacht. Das einzige, was man zum Ende der negativen Tirade zu hören bekam, war, dass ja die schlechten Bewerbungen schuld sind, dass es mal wieder nichts geworden ist mit der Erwerbstätigkeit.

Emotional ist man da längst wieder am Tiefpunkt angekommen. Man fühlt sich als ob man seinen Eltern eine 5 im Sport erklären müsste, obwohl man endlich das Seil in der Turnhalle erklommen hatte.

Dem Ganzen folgen dann die Standardsätze, die nur darauf zielen, dass man sich noch schlechter fühlt und damit man Schuldgefühle bekommt. Sie können doch nicht jahrelang so weiter machen, Sie müssen doch einen geregelten Tagesablauf haben, Sie müssen doch der Gesellschaft etwas wiedergeben, denken Sie doch an Ihre Rente, Sie sind selber schuld und so weiter. Jetzt ist man emotional in der großen Pause auf dem Schulhof und der vermeintliche Freund ist der Vollstrecker der verbalen Klassenkeile. Der Drang aufzubegehren wird unerträglich, man will endlich sich erklären. Diesem vermeintlichen Freund auf der anderen Seite des Schreibtisches klar machen, wie es da draußen im echten Leben aussieht. Es mit Fakten unterlegen, dass Erwerbslosigkeit kein individuelles Problem ist und nicht durch persönliche Handicaps bestimmt wird. Dass Industrie 4.0 wissenschaftlich bewiesen für immer mehr Erwerbslose sorgt und sorgen wird und so weiter.

Aber dann kommt die Erinnerung an das letzte Mal, als man den vermeintlichen Freund besuchte, und wie er auf Widerworte reagiert. Er nennt es Sanktionen, da man nicht bereit sei, seinen Mitwirkungspflichten nach zu kommen. Eigentlich ist es nichts anderes als die Daumenschrauben, die einen dazu bringen sollen, zu allem JA zu sagen. Also schweigt man und senktden Blick, denn man will den Freund, der einem ja nur helfen möchte, nicht provozieren. Es folgen Angebote und Vorschläge, die der Freund macht, damit man aus der Erwerbslosigkeit kommt. Der 1-€-Job, das unbezahlte Praktikum oder mal wieder eine Maßnahme. Auch könnte man ja zum gefühlten zehnten Mal einen Bewerbungslehrgang machen, damit die nächsten besser werden. Leise sagt man nicht JA aber auch nicht NEIN, in der Hoffnung,dass es nicht so schlimm wird. Denn schon lange ist einem klar, dass es diesem Freund nur darum geht, einen aus den Erwerbslosenzahlen zu bekommen.

Am Ende unterschreibt man wieder die Eingliederungsvereinbarung, denn eigentlich will man nur noch da raus. Der Freund verabschiedet sich mit einem Lächeln von seinem Freund, der Angst. Diese Angst, die es ihm wieder mal so leicht gemacht hat. Diese Angst, die jeden, der auf der falschen Seite des Schreibtischs sitzt, überkommt, wenn der Freund zum Rapport ruft. Diese Angst, die die Agenda 2010 so erfolgreich gemacht hat für Menschen, die nicht durch Erwerbstätigkeit ihren Lebensunterhalt sichern müssen. Diese Angst, die dafür sorgt, dass man lieber für wenig Lohn einer Erwerbstätigkeit nach geht, als von ALGII abhängig zu sein. Diese Angst, die den größten Billiglohnsektor etabliert hat. Diese Angst, das Wenige, was einem noch bleibt, zu verlieren, obwohl man eigentlich gar nichts mehr zu verlieren hat. Diese Angst, die Solidarität und Gemeinschaft im Keim erstickt. Na dann, wir sehen uns Montag beim nächsten Bewerbungslehrgang.

Klaus Meier, 2017

Darf man darüber nachdenken?

Die faschistische Partei konnte oder wollte man nicht
verbieten, weil sie zu geringen Einfluss habe. Was an
sich schon lange fällig gewesen wäre.

Nun stecken bereits diese Faschisten in
Bundeswehruniformen? Bilden sie in
Auslandseinsätzen „neue Mörder" aus?
Rüstungsbosse reiben sich schon die Hände, und alles
wird mit Steuergroschen finanziert.

Deutscher Michel, wenn deine Enkel und Urenkel
nicht das Gleiche wie ich erleben sollen, also
Faschismus, Hunger, Angst, Krieg, Trauer, dann
nimm deine Schlafmütze vom Kopf und bringe
Sauberkeit in den Laden, denn langsam stinkt es zum
Himmel!

Elisabeth Monsig, 2017

Deutsche und Griechen

Also der Unterschied zwischen Deutschen und
Griechen:
Viele Deutsche kriechen,
nicht aber die Griechen.

Elisabeth Monsig, 2015

Nicht mehr als
Für Martina

Ich hab nicht ein Kind vorm Verhungern gerettet
Und keine Guerilla im Dschungel trainiert
Ich hab mich nicht an ein Fabriktor gekettet
Und keinen Atommülltransporter blockiert
Ich hab keinen Bürgerkriegsflüchtling verborgen
Und keinen Diktator zur Hölle geschickt
Ich denk auch nicht immer schon heute an morgen
Und hab dir nur'n paar leise Lieder gestrickt

Nein, ich hab nicht mehr als ein paar Worte
Gegen alle Kriege und für dich
Und ob ich sie schreibe oder sage
Oder auf den Markt der Eitelkeiten trage
Ändert nicht die Welt und nicht mal mich

Ich hab nicht den Mord in der Botschaft verhindert
Und nicht eine Bombe auf Afghanistan
Ich hab nicht die Schmerzen der Mütter gelindert
Lebendig Begrabener im Ozean
Ich hab nicht den Kanzler und seine Vasallen
Und kaltheiße Krieger zum Stehen gebracht
Und doch hoff ich noch, daß mein Lied dich vor allen
Gefahren beschützt und dich mutiger macht

Nein, ich hab nicht mehr als ein paar Töne
Gegen alle Kriege und für dich
Und ob ich sie pfeife oder singe
Oder auf den Markt der Eitelkeiten bringe
Ändert nicht die Welt und nicht mal mich

Frank Viehweg, 2002

„Moralpredig" (Der Hilfeschrei einer Toten)

Schaut euch an - mein Herz, es ruht,
fühle mich jetzt richtig gut,
denn mir wurde langsam klar:
Gunst war hier kaum auffindbar.

Macht euch um mich keine Sorgen,
denn ich spür' den neuen Morgen.
Endlich weg von dieser Welt,
wo das liebe Geld nur zählt.

Freundschaft ist meist nur ein Wort,
Mobbing euer Lieblingssport,
kommt nur an, wenn's bei euch raucht,
Hilfsbereitschaft wird missbraucht.

Kinderzimmer - Ort des Grauens,
kaum noch Spuren des Vertrauens,
Stil und Anstand sind zunichte,
guter Wortschatz ist Geschichte.

Neid und Raffgier - Herr der Sinne,
wichtig sind euch nur Gewinne,
kaum Respekt vor alten Schwachen,
haben lang schon nichts zu lachen.

Internet verseucht die Seelen,
seht, wie sich die Kinder quälen,
Trauermärsche sprechen Bände,
Amokläufe ohne Ende.

Faulheit wird hier gut bezahlt,
mancher Nichtsnutz damit prahlt,
Widerstände, sie verstummen,
die Malocher sind die Dummen.

Alkohol beherrscht das Denken,
dumme Eltern Kinder lenken,

pfeifen auf Moral und Sitte,
kennen nicht das Wörtchen „Bitte".

Tiere werden totgequält,
denn der Pelz am Körper zählt,
Brillianten an den Händen,
„Deutsche raus" steht an den Wänden.

Legostein und Teddybär,
sind des Kindes Freud nicht mehr,
lieber eine Spielkonsole,
Fahrtenmesser und Pistole.

Nächstenliebe wird verspottet
und durch Undank ausgerottet,
der Dank - er ist, man wird belogen
und sogar durch den Dreck gezogen.

Panzer, die bewirken Schäden,
sind die Hits in Spielzeugläden.
Über Kriege wird gelacht –
Mann, habt ihr es weit gebracht!

Ruhm und Prunk - der Stolz der Reichen,
gehen sehr oft über Leichen,
die Welt verliert das Gleichgewicht,
schlimm ist nur, ihr merkt es nicht.

Warum wartet ihr so lange,
ist euch denn nicht etwas bange?
Muss denn erstmal was geschehen?
Mann, ich könnt' im Grab mich drehen!

Ganz zum Schluss noch einen Rat:
Schreitet langsam mal zur Tat,
fanget an zu überlegen,
allein schon eurer Kinder wegen.

Norbert van Tiggelen, 2010

Die Würde des Menschen

Unterhalb einer gewissen Höhe des Kontostandes ist
die Würde des Menschen antastbar und der Mensch
wird rechtlos.

Karl-Heinz Schulze, 2017

El Cantor

Why - did he go away,
if he'd only stayed,
with us.
Why - did they hurt him so,
why did he have to go,
go - way.

El Cantor
he'll live for evermore,
for we shall hold his banner high
in the wind
as if he'd always been
smiling, urging us always on.

For I know El Cantor
he'll live for evermore,
for we shall sing his songs so clear,
and his melodies
are our memories
of his faith
and his love.

Dean Reed, 1977

Kein Alien
(Melodie Englishman in New York - Sting)

Er spricht syrisch mit iranischem Akzent
etwas andres gab es nie
Sein Dorf war die riesengroße kleine Welt
noch nie gab es etwas schöneres als sie

Seine Mutter war die Güte in Person
war die Hüterin im Haus
Auch sein Vater saß noch nie auf einem Thron
mit den Schafen ging er oftmals sehr weit raus

Ohoo, wie ein Alien, ein verstörtes Alien,
weit aus Syrien in Berlin
Ohoo, wie ein Alien, ein verirrtes Alien
auf der Flucht vor dem mörderischen Krieg

Er ist 20, die Familie war sehr groß
jeder kannte ihn im Ort
viele Kinder saßen schon auf seinem Schoß
unvorstellbar - heute ist das alles fort

Aus dem Land der Tränen muss sich niemand
schämen
wenn er aus der geliebten Heimat flieht
Kommt in unsre Herzen, Trost für Eure Schmerzen
Schutz, den unsre Nächstenliebe gibt

Jetzt allein in einer völlig andren Welt
Vorbereitung gab's nicht viel
Für die Reise hierher war das letzte Geld
seine Menschenwürde war das Ziel

Ohoo, ist kein Alien, niemand ist ein Alien
Menschenwürde ist das Ziel
Ohoo, ist kein Alien, niemand ist ein Alien
Menschenwürde ist das Ziel

Chris Trubartic, 2017

Anders Mærsk

Erzählst du von der Anders Mærsk
Dann nenne sie nie Unglückschiff
Weil der Tod von 28 Kollegen
Kein unglücklicher Zufall ist.

Es ist der 13. Januar,
Zu Beginn der zweiten Schicht
Die Turbine dröhnt beim Probelauf
70 Mann sind auf dem Schiff.

Erst volle Kraft dann Überdruck
Keiner weiß ob der Kessel hält
Doch alle Arbeit an Bord muss weiter gehen
Denn Zeit ist ja bekanntlich Geld.

Dann platzt ein Rohr, 2000 Grad
Der Überdruck wird frei
Ich spüre die Glut, wer nicht fliehen kann
Wird gekocht beim lebendigen Leib.

Glaub mir mein Freund, dir kann das Gleiche passiern
Auch du kannst so verkochen, du kannst ebenso
krepiern
Sie reden stets von Sicherheit und meinen nur ihr
Geld
Weil ein Arbeiterleben für sie gar nicht zählt.

Gesicht und Hände nur rohes Fleisch
So trägt man mich auf den Kai
Es liegen schon zwanzig andere dort
Bei Stöhnen und Schmerzensgeschrei.

Nach der Blaulichtjagd durch die kalte Nacht
Wird uns die letzte Chance verwehrt
Kein Platz auf der Intensivstation
Ein alter Saal wird nur aufgesperrt.

Die Schwestern und Ärzte kämpfen noch
Doch Hoffnung ist gering
Einer nach dem anderen stirbt im Saal
Bis auch ich an der Reihe bin.

Glaub mir mein Freund, dir kann das Gleiche passiern
Auch dich lässt man so sterben, es wird sie nicht
interessiern
Sie reden stets von deinem Wohl und meinen nur ihr
Geld
Weil ein Arbeiterleben für sie gar nicht zählt.

Meine Frau will mich noch einmal sehn
Ein Gesicht habe ich nicht mehr
Sie kann nicht fassen, dass ich hier lieg
Ihre Augen sind tränenleer.

Die Kollegen stehn an meinem Grab
Sie bringen kein Wort heraus
Nur die hohen Herrn können das Maul aufsperrn
Das macht ihnen selbst hier nichts aus.

Meine Frau bekommt für meinen Tod
Vom Werk ein paar tausend Mark
So wird das Verbrechen von Bloom und Voss
Mit einem Kopfgeld abbezahlt.

Glaub mir mein Freund, dir kann das Gleiche
passiern.
Auch an deinem Grabe werden sie sich nicht genieren
Sie halten Trauerreden und denken nur ans Geld
Weil ein Arbeiterleben für sie gar nicht zählt.

Erzählst du von der Anders Maersk
Dann nenne sie nie Unglückschiff
Weil der Tod von 28 Kollegen
Kein unglücklicher Zufall ist.

Glaub mir mein Freund, dir kann das Gleiche passiern
Auch du kannst so verkochen, du kannst ebenso
krepiern
Sie reden stets von Sicherheit und meinen nur ihr
Geld
Weil ein Arbeiterleben für sie gar nicht zählt.

Elbe 1, 1977

Die AdS-Stadtrundfahrt

Für 20 Euro gebucht und am Postplatz angetreten, begann die geführte Stadtrundfahrt zu Dresdens historischen Orten. Die Begleiterin im Bus erzählte uns, dass August der Starke (AdS) ein gaaaaanz toller Bursche war und dass Dresden ihm sooooooo viel zu verdanken hat. AdS erbaute diesen Park - AdS erbaute dieses prächtige Barockschloss - AdS schenkte den Bürgern Dresdens diese Glocke - AdS baute dieses Palais - AdS baute den Zwinger - AdS hat diese Prachtstraße errichtet - AdS speiste die Armen - AdS baute die Hofkirche - AdS baute dieses Museum - er erbaute das Schloss Pillnitz und das Jagdschloss Moritzburg - AdS - AdS - AdS.

Nach der Fahrt sprach ich die Reiseleiterin, vom Alter und vom Dialekt her zu urteilen eindeutig in der DDR zur Schule gegangen, an und fragte sie: „Und wohin gingen die Bauleute als die chinesische Mauer fertig war?" Sie antwortete mit dem sächsischen Wort für „Wie bitte": „Häääää?" Ich sagte: „Na, der liebe August wird doch all diese Gebäude nicht selber gebaut haben, da gab es doch noch Maurer, Maler, Steineschlepper, Gärtner, Tischler, Dachdecker und Hilfsarbeiter – die haben doch die Arbeit getan..."Sie überlegte kurz und sagte: „Ein interessanter Aspekt, ich werde meinen Chef mal ansprechen und vorschlagen, ihn mit in die Erklärung einzubauen."

Ich kreuzigte mich symbolisch vor Mitleid und ging.

Fiete Jensen, 2017

Einmal mehr nachgedacht

Unser Land ist reich...
Ein Land voller Fortschritt und Blüte...
Doch die Menschen sind arm... warum?

Unser Land kennt Kriege...
Zwei große hat es verloren...
Doch statt Frieden zu schaffen, liefert es Waffen
Dahin, wo schon Krieg tobt...
Und das wird gelobt?

Unser Land,
Ein Land der Poeten und Erfinder
Überall für seiner Hände Arbeit geschätzt
Und nun ist man entsetzt,
denn im Elend lebt jedes vierte seiner Kinder...

Unser Land kennt jeder:
Pünktlich, fleißig, wortgewandt.
Und nun: Verfall, Verfall auf ganzer Linie, scheint es
mir...

Wer spricht noch mit dem ander'n?
Wer sorgt sich noch um Menschen aus seiner Mitte?
Sollte nicht Zusammenstehen Gebot der Stunde sein?
Hat mancher noch immer nicht die Zeichen der Zeit
erkannt?

Blind laufen junge Menschen durch den Tag
Gleichgültig wie nur irgendwas,
Hauptsache Spaß, Freizeit und Konsum...
und nebenbei ein wenig Rowdytum...

Ich frag mich denkt ihr nach?
Der Geist steht auf Genuss,
Die Augen auf Haben statt Sein,
Das Herz auf Trieb und nicht Gefühl...
Wer nachdenkt, der bleibt meist allein.

Matthias Wolf, 2017

Israel

Israel ist einst entstanden,
als skrupellose Siegerbanden
Land, das andere besessen,
für die Juden ausgemessen.

Die Nachbarn haben sich empört
und gegen Israel gewehrt.
Die Israelis, ganz geschickt,
schufen bald einen Konflikt.

Mit Waffen aus Amerika
war die Übermacht bald da.
Man besetzte neue Flächen,
um die Nachbarn so zu schwächen.

Und was kaum jemand verstand,
sie siedelten auf fremdem Land.
Deutschland in der Krisenzeit
war zur Hilfe gern bereit.

Waffen „Made in Germany"
lieferte man wie noch nie.
Und bewaffnete beizeiten
die Armeen auf beiden Seiten.

Die Waffen werden auch benutzt,
was die Politiker verdutzt.
Dabei wäre es so leicht,
wie man Frieden dort erreicht.

Jeder Staat wird anerkannt
und bekommt sein eignes Land.
Doch Juden in Amerika
wollen keinen Frieden da.

Waffen werden produziert
und natürlich ausprobiert.
Sie machen das im Nahen Osten,
mag es auch Steuergelder kosten.

Werner Hüper, 2014

Gegen die Angst

Im nimmermüden Sauseschritt verinnt die Zeit.
Das Leben zu kurz um sich zu balgen und zu streiten.
Zeit ist's, die Hände sich zu reichen - fünf Finger:
Eine Faust.
Es gilt, den Geist zu wappnen nun für schwere
Zeiten.

Ein Schritt nach vorn, ein Blick zur Seite, zum
Freund,
zum Kameraden, so müssen wir zusammenstehen.
Nicht spalten dürfen uns noch Hass, noch Angst noch
Schrecken,
Gemeinsamkeiten gilt es, zu entdecken,
den weiten Weg muss man zusammen gehen.

Dies' Land, ein Land der Rastlosen und Wütenden.
Dies' Land, ein Ort der Unruhe derer, die sich
misstrauisch beäugen.
Einst gab es Zeiten voller Frieden, Einigkeit und
off'ner Herzen.
Dass dies kein Traum war, kann ich heut' bezeugen.

Ob weiß, ob schwarz, ob gelb, ob braun gebrannt,
Kein Zeichen der Gesinnung ist der Häute Farbe.
Der Feind im Anzug, der sitzt ÜBER uns, gewiss!
Letztendlich tragen alle wir des Sklaven Narbe.

Wer uns verraten und betrogen hat, wir wissen es
genau.
Wir schweigen noch zu oft, anstatt uns frei zu wehren.
Mit Herz, Verstand, Besonnenheit und weitem Blick,
Den wir dann brauchen um zu lenken unser eigenes
Geschick,
soll's uns gelingen, dass die Täter sich zum Teufel
scheren.

Matthias Wolf, 2017

Schlachthof

Also der Unterschied zwischen Schlachthof und
Schlachtfeld.
Der Schlachthof, dort wird viel geschlachtet für die
menschliche Ernährung.
Und das Schlachtfeld, da schlachten sich Menschen
gegenseitig ab, die sich nie gesehen haben, die sich
nie etwas getan haben.

Elisabeth Monsig, 2016

Herrlich ist das heutzutage

Herrlich ist das heutzutage.
Reisefreiheit, keine Frage.
Frau Merkel reist wie's ihr gefällt,
zu den Reichen dieser Welt.
Der Steuerzahler kommt zur Kasse.

Doch was macht der kleine Mann,
der ohne Geld nicht reisen kann?
Er reist zum weit entfernten Job.
Weit von zu Hause, wie bekloppt.
Zu Hause warten Frau und Kind,
die so, wie Papa, einsam sind.

                                        Elisabeth Monsig, 2015

Der Markt

Ja, es gibt einen Viehmarkt und einen Arbeitsmarkt.

Beim Viehmarkt, wenn viel Vieh vorhanden ist, wird
das Vieh wirklich billig.

Beim Arbeitsmarkt, wenn viele Arbeitslose vorhanden
sind, dann wird erstmal ausgesucht: jung, gesund,
Fachkraft, flexibel, unabhängig.

Und der Rest: Millionen sind Ladenhüter.

                                        Elisabeth Monsig, 2015

Einzug ins Paradies

in memoriam Hans Weber

Ich wäre gern in dieses Haus gezogen
Ins elfte Stockwerk einer andern Zeit
Mit all den Mängeln unterm Himmelsbogen
Mit Zweifeln und mit Hoffnung meilenweit

Ich schlendere mit dir auf den Balkonen
Durchs schöne unvollkommne Paradies
Und weiß bei jedem Schritt, hier lässt sich's wohnen
So zwischen erstem Grün und Schlamm und Kies

Hier, wo die Menschen offnen Herzens fragen
Woher kommt einer und wo geht er hin
Das tausendmal Gesagte nochmals sagen
Und alles hat am Ende einen Sinn

Ein guter Mensch zu sein, kann hier gelingen
So wie es einen gibt, der es entdeckt
Hier kann ich dir die alten Lieder singen
Bevor ein neues seine Flügel streckt

Zur Nacht erklärst du mir dann all die Sterne
Und manches, was im Leben sonst nichts zählt
Wir schauen in die wunderschöne Ferne
Wo sich die Wirklichkeit dem Traum vermählt

Ich wäre gern in dieses Haus gezogen
Ins elfte Stockwerk einer andern Zeit
Mit all den Mängeln unterm Himmelsbogen
Mit Zweifeln und mit Hoffnung meilenweit

Frank Viehweg, 2012

Brokdorf - Spottlied gegen Stoltenberg & Co

Die Herren Kraftwerksbosse, die dachten sich das fein:
Da oben an der Elbe, da sind wir ganz allein,
Da baun' wir das Atomwerk, den Bauern ist's egal,
Wir kaufen ihr Land mit Kapital.

Was kann der Stoltenberg dafür, dass er zu spät kam?
Die Leute in der Wilstermarsch war'n informiert:
Und, weil es gleich zur großen Solidarität kam,
Hat sich der Stoltenberg total verkalkuliert:

Und über Nacht ganz pünktlich, damit es keiner sieht,
Ließ Bautrupps er marschieren und Polizei gleich mit
Und eine Zonengrenze aus Stacheldrahtverhau -
Die hält den Pöbel fern, so denkt er schlau.

Was kann der Schnullermund dafür, dass er zu spät kam?
Die Leute in der Wilstermarsch ha'm nicht pariert,
Und, weil sie eine feste Solidarität ha'm,
Hat sich der Schnullermund total verspekuliert.

Den Bauplatz ha'm zweitausend sofort darauf besetzt,
Da hat er Wasserwerfer und Bullen draufgehetzt
Mit Tränengas und Knüppeln - am nächsten Tag kam er
Und fand heraus: der Terror - das sind wir.

Was kann der Stoltenberg dafür, dass er zu spät kam?
Die Leute in der Wilstermarsch ha'm ihn blamiert,
Weil ihnen Terror nicht die Solidarität nahm,
Hat er sich wiedermal ganz schwer verkalkuliert:

Der Gerhard ließ Geschosse aus allen Rohren los,
Das Fernseh'n und die Presse, die brachten es ganz
groß,
Dass dreißigtausend Rocker die Übeltäter sind,
Und Pfaffen schrein: Gewalt ist eine Sünd!

Was kann der Stoltenberg dafür, dass er zu spät kam?
Die Fakten haben ihn als Lügner überführt.
Und weil wir uns're feste Solidarität ha'm,
Da kann es sein, dass er demnächst den Kopf verliert.

Da oben an der Elbe fuhr's ihnen ins Genick
Von Kiel bis Whyl in Aufruhr die schöne Republik.
Sie waren an der Elbe am Ende nicht allein...
Und Brokdorf, das soll der Anfang sein!

Nun zittern Stoltenberg & Co, weil sie zu spät kam'n,
Und dabei hatten sie schon alles ausprobiert.
Was soll erst werden, wenn die Saat, die sie gesät
ham,
Ihnen plötzlich unterm Hintern explodiert?
Ja, wir wissen, dass die Saat, die sie gesät ham,
Ihnen schließlich unterm Hintern explodiert!

Nach der Melodie: „Was kann der Sigismund dafür...‟
oder auch „Juan-Carlos-Spottlied‟ von Pedro Faura

Rotes Sprachrohr Kiel
Agitproptrupp der KPD/ML, 1976

Das Lied der WIBAUerINNEN
WIBAUen wir unser leben?

Refrain:
Wie bauen wir unser Leben?
Wie bauen wir unser Glück?
Wie bauen wir unsere Zukunft?
Nach vorne heißt manchmal zurück!

Fürst, Galen, Esch, Spika, die haben
Uns was wir geschaffen versaut
Das Werk und so unsere Arbeit
den Lohn und die Rente geklaut
Und was und wie wir da schafften
Das haben nicht wir bestimmt
Das taten die, die nur rafften
Die Bilanzen ham wir nicht getrimmt
Refrain
Wir bauten für die die Halden
Maschinen für Teer und Beton
Jetzt tun die die Hände falten
Und nehmen uns Arbeit und Lohn
Die flöteten flott beim Kassieren
„Von Krise nicht eine Spur"
Wir durften beim Schwitzen frieren
Die WIBAU hat Hochkonjunktur
Refrain
Fürst, Spika, der Esch und von Galen
Die stehen in unserer Schuld
Doch sie werden uns nichts bezahlen
Die hoffen auf unsre Geduld
Wenn sich jetzt die Politiker streiten
Wer uns denn nun mehr unterstützt

Solln wir ihren Wahlkampf einleiten
Und nichts, was uns wirklich nützt
Refrain
Ihr Gerede von Aufschwung und Wende
Dem habn wir zu lange vertraut
Doch unsre Geduld geht zu Ende
Wir haben das Spiel jetzt durchschaut
Die Banken sind Herr der Lage
Von zwölfhundert Familien und mehr
Für uns reicht das Geld nur noch Tage
Und die schwimmen drin wie im Meer
Refrain
Wir selbst haben's ihnen geschaffen
Ihre Macht und ihr großes Geld
Und jetzt, wo wir's selber brauchen
Da sagen die Banken: „Es fehlt!"
Es fehlt für neue Kredite
Es fehlt für den letzten Lohn
Die Herren kassierten Profite
Uns bleibt nicht Mal Schrott, nur ihr Hohn
Refrain
Sozial-Partnerschaft habn sie gepredigt
Und hinter uns abgeräumt
Jetzt ist der Schäfer erledigt
Die Schafe habn ausgeträumt
Jetzt kippen sie Öl auf die Wogen
Und reichen zum Beileid die Hand
Und haben schon hinter dem Rücken
Den Pfeil in den Bogen gespannt
Refrain
Wir stehen zum Abschuss Schlange
Und werden nur örtlich betäubt
Ihre Geldspritzen reichen so lange

Bis keiner von uns sich mehr sträubt
Die Blüm'schen Beteiligungsmärchen
Die hat uns der Spika gelehrt
Jetzt ham wir Belegschaftsaktien
Die sind auf dem Klo noch was wert
Wie bauen wir unser Leben
Wie bauen wir unser Glück
Wie bauen wir unsere Zukunft
Nach vorne heißt's und nicht zurück?
Was heißt hier nach vorne, nach hinten,
wenn IHR Fortschritt uns ruiniert
müssen wir etwas neues finden
das uns aus der Sackgasse führt
das uns aus der Deadendstreet führt
So bauen wir unser Leben
So bauen wir unser Glück
So bauen wir unsere Zukunft
Und manchmal heißt vorwärts zurück
Nach vorne heißt manchmal zurück

Hartmut Barth-Engelbart, 1983

In mich hineingehört

Jeden Morgen wache ich auf
Zerstreut und unausgeschlafen
Denke an mich, an dich und alle anderen
An meine Landsleute eben, ein Volk
Bestehend aus achtzig Millionen Schafen.

Jeden Tag schaue ich mich um
Lachende, weinende und ernste Gesichter
In sich selbst fröhlich ist kaum noch jemand, denn
insgeheim

Ohne es auszusprechen wissen es alle
Frieden kann so schnell zu Ende sein.

Auch ich bin anders geworden:
Schweigsam und monoton.
Zuweilen zwar nur, aber doch von Zeit zu Zeit.
Früher war ich nicht so,
hab viel zu gern den Mund aufgemacht.
Doch nun stelle ich fest:
Menschen hier sind nicht zum Zuhören bereit.
Darüber weine ich manchmal, bei Tag oder bei Nacht.

Frieden herrscht noch in Deutschland.
Noch hat keiner zu den Waffen gegriffen.
Noch redet man viel und vor allem dummes Zeug.
Probleme will man umschiffen.
Doch die Brüller und Mörder, sie lauern,
die Waffen im Anschlag bereit.
Der Mensch entwickelt sich zum Tier zurück und
schlimmer...
Mater Germania, du erlebst eine grauenhafte Zeit.

In den Menschen gärt und brodelt's auch,
es herrscht ein Nervenkrieg!
Liebe zur Heimat, Hass auf die anderen -
das vermeintliche Rezept zum Sieg!
Kriege der Welt, heute hautnah,
früher noch weit entfernt...
Manchmal wünschte auch ich,
ich hätte als Kind so zu hassen gelernt.
Doch nein! Mensch bin ich immer noch geblieben.
In meinem Kopf eine Stimme zu mir spricht:
„Nein, ihr Hasser, Hetzer, Spalter und Mörder -
So wie ihr werd' ich nicht!"

Matthias Wolf, 2017

Linksradikaldemokratischbolschewistischanarcho-
gottloslästerliche Friedens & Freiheitsliebeslieder

Der Geldgott schuf die Proleten
die schuf...teten für das Geld
die andern häuften Moneten
die einen bauten die Welt
die andern lebten im Luxus
die einen in Hunger und Not
die einen träumten von einer Welt
in Freiheit, entgegen dem Morgenrot

Und sie dichteten sich:
Linksradikaldemokratischbolschewistischanarchogott-
loslästerliche Friedens- und Freiheitsliebeslieder

Der Geldgott schuf auch die Kriege
und Pfaffen, die beten für Geld
der Krieg sei des Fortschritts Wiege
und Sterben das Höchste der Welt
die andern befehlen und beten
die einen marschier'n in den Tod
und wieder war'ns die Proleten
die sah'n nun ganz dringend rot

Und sie sangen...

Die machten nun Revolutionen
und schufen die Welt ohne Gott
daß alle im Luxus wohnen
ohne Not, ohne Kriegskomplott
sie bauten und lebten und sangen
ein jeder nach seinem Maß
schon die Kinder vergaßen das Bangen
und verlernten die Klassenhaß

Noch sangen sie in der Schule, im Singeklub...
Da schuf der Geldgott die Sender
und zuckersüßesten Sound
und predigte love me tender
und sendete das all around
the watchtower
nicht nur der NVA
später wurde der wieder Ton rauher
der Geldgott sang halleluja

Gegen die...

Der Geldgott schuf nun das Vergessen
und also die Schamhaarrasur
gibt Seifenopern zu fressen
die ganz große Verblödungsdressur
er frohlockte und drohte und bombte:
die einen und andern sei'n eins
so war am End auch die Welt ohne ihn
ratzebatzgottseibeiuns alles wieder seins

Vergessen die...

Der Geldgott macht die Regeln
die Regeln machen Moral
die einen fallen wie Kegeln
ins irdische Jammertal
Die andern haben die Sender
und den Hitparadensound
Verdammte aller Länder
singt selbst und zwar siegesgelaunt!

Linksradikaldemokratischbolschewistischanarchogott-
loslästerliche Friedens- und Freiheitsliebeslieder

malcom.z, 2015

Vaterland

Ach, wie kommt's,
dass ich erbleiche,
höre ich vom Vaterland;
Deutsches Land,
das schöne, reiche -
wieder lodert Häuserbrand;

Wieder da,
die Schlachtenlieder,
und der Arm
- hoch ausgestreckt;

Menschenjagd und Steinwurf wieder,
wieder einmal Blut geleckt?
in der Mitte
der Gesellschaft

Wo Mensch soviel Anstand hat;
hört man nicht
die Stiefeltritte;
säuft Champagner, frisst sich satt!

Draußen tobt
die dumpfe Meute,
einer fällt, Blut fließt rot;
Tags darauf
die stumme Frage:
Wer schlug Abdull Faruk tot?

Ja, so kommt's,
dass ich erbleiche,
höre ich vom Vaterland;

Heuchelei
um eine Leiche -
Menschenwürde im deutschen Land....

Lied von Gerald Schwember, 2007

Kündigung

Mein mir treuer Angestellter
war stets für die Firma da,
konnte über ihn nie klagen,
er stets zuverlässig war.
Die ihm auferlegten Pflichten
meisterte er sehr geschickt.
Krankenscheine waren selten,
er hat meistens brav genickt.
Nebenher noch eine Kunde:
Er ist nicht ganz unscheinbar.
Hab ihm fristgerecht gekündigt,
weil er mir zu ehrlich war.
Schließlich bin ich sein Ernährer,
der ihm bringt das täglich Brot.
Er muss mir die Füße küssen -
tat er nicht, der Idiot.

Norbert van Tiggelen, 2017

Ich möchte nicht mehr zwanzig sein

Ich möchte nicht mehr zwanzig sein,
da tobte noch der Krieg.
Doch wenn ich jetzt erst 70 sei,
das wäre mir schon lieb.
Hat Autofahren Spaß gemacht
und auch das Demonstrieren
gegen Krieg und Armut überall
gemeinsam protestieren.
Wenn ich auch nur schlecht laufen kann
und nicht mehr Auto fahren ...
mit meinem Kopf bin ich dabei
so wie seit vielen Jahren.

Elisabeth Monsig, 2014

Soziale Marktwirtschaft

Dein Betrieb ist schon lange fort,
gebaut an einem fernöstlichen Ort.
Dort schuften die Menschen für einen Hungerlohn,
dein Schicksal, wen interessiert das schon?
Du wurdest ja sozial abgefedert,
hast keinen Lohn mehr, wirst nur noch gefleddert.
Das soziale Netz gleicht einem Fetzen,
es lohnt sich nicht dort reinzusetzen.
Da sind schon Tausende durchgefallen.
Hat niemand geahnt, so geht's nun allen.
So kann es ja nicht weiter gehen,
solidarisch müssen wir zusammenstehen.
Das Menschenrecht gilt nicht nur für Reiche,
das Ziel muss sein: Für alle das Gleiche!

Elisabeth Monsig, 2015

Karl Marx

Hinz und Kunz sind längst vergessen.
Doch Karl Marx lebt unterdessen
wieder mitten unter uns.
Und wer sagt: „Karl Marx ist tot",
hat nur Angst vor zu viel rot!
Denkt, Gespenster werden kommen
und ihm wird dann abgenommen
all sein Reichtum, sein Besitz.
Könnte sein, es ist kein Witz!

Elisabeth Monsig, 2014

60

Land zwischen den Flüssen

Erst Steine und Sand, dann war Eridu,
war Ur, so gewaltig. Hoch ging's zu Utu!
Auch keilten sie Bilder auf der Zikkurat,
und Eanna in Uruk sah unter sich - Stadt!
Nun Steine und Sand sind Trümmergischt,
sind Ziegelbruch, Leichenturm: Opfertisch
des Götzen Profit. „Operierte" Welt...
- blinder Rumpf, dessen Wanken nichts zählt
Zwischen den düsteren Ufern der Nacht?
Ist kurzes Huschen, ist Flackern, und dann
folgt wieder Nergals ewige Wacht?
So zwischen damals, jetzt und hier bleibt der Krieg,
dem bisher keiner entrann, denn nur besiegen das
Geld: wir.

Emko, 1991

Die „Operation Desert Storm" der anti-irakischen
Koalition wandte sich 1991 gegen die Ursprünge der
Zivilisation selbst. Und wie vergänglich erscheint in
den auch folgenden Jahren der ewigen Kriege des
Kapitals, was einstmals entstand - und was wird nach
ihnen bleiben? Das hängt wie immer von uns selbst
ab. Machen wir es diesmal besser?

Wo Freundschaften wachsen

Wo Freundschaften wachsen,
Die zwei Kriege überdauern,
Wo Feldblumen wachsen -
Am Wegrand, ohne Mauern.

Wo Freunde trotz Leiden
Fest sich die Hände halten,
Und böse Worte meiden,
Um gute zu erhalten.

In der Bretagne: unsere Nachbarin -
Sie ist es nur drei Wochen im Jahr -
Aber es ist herrlich, komm' ich dorthin,
Ein Ferientraum ist's, herrlich und klar.

Wir sprechen Französisch -
Sie kann auf Deutsch nur zwei Worte.
Ihr Mann war im Krieg -
Ist gestorben - und ging wieder fort.

„Kartoffeln" - das kann sie noch sagen,
Denn die gab es oft zu essen.
Doch alle schlimmen Klagen,
Die hat sie wohl vergessen.

Ihr Mann sagte, es sei „prima",
Er sei zurückgekommen -
Und heute zeigt das gute Klima:
Auch uns're Ferien sind ein Nach-Hause-Kommen.

Heute, mit 93 Jahren - wie die Zeit vergeht -
„Rin in de Kartoffele, raus aus de Kartoffele",
Denn trotz zweier Weltkriege
Bleibt unsere Freundschaft bestehen.

Ilga Röder, 2009

Deutschland und die NSA

Wer Handys nutzt und Emails schreibt,
und denkt, dass das vertraulich bleibt,
der hat ganz sicher nicht bedacht,
was wohl der Geheimdienst macht.

Die NSA schnüffelt herum,
und Frau Merkel stellt sich dumm.
Sie hat natürlich kein Interesse,
zu informieren unsere Presse.

Es würde dabei aufgedeckt,
was vor den Bürgern gut versteckt.
Denn unsere Dienste wissen gut,
was NSA in Deutschland tut.

Ob Frau Merkel das erfährt,
wird in Washington geklärt.
Und Freundschaft mit Amerika,
war in Wahrheit noch nie da.

Frau Merkel kann dort lange fragen,
in Washington wird man nichts sagen.
Und Edward Snowden zu verhören,
das würde das Verhältnis stören.

So wird man sich daran gewöhnen,
dass die Politiker wohl stöhnen,
über Skandale aller Orten,
doch begnügt man sich mit Worten.

Nach außen gibt man sich verstimmt,
doch wirklich ernst man es nicht nimmt.
Amerika die Meinung sagen,
wird bei uns wohl keiner wagen

Werner Hüper, 2015

Ich möchte...

Du scrollst durch meine Facebook-Pinnwand und denkst dir, oh man, die Susi nervt... Aber, hey, ich bin mir dessen bewusst... ja, bin doch nicht blöd!

Aber hast du dich schon mal gefragt warum ich so nerve? – Ja genau, mit voller Absicht. Bin ich durchgeknallt und total linksradikal? – Nein, das bin ich natürlich nicht.

Aber ich möchte einfach nur weiterhin meine drei Kinder ernähren können, einen Mindestlohn haben, der das bezahlt, was ich und viele andere Menschen Tag für Tag leisten. Ich möchte, dass jeder Mensch die gleiche Chance bekommt! Hast du dich schon mal gefragt, was wäre, wenn du in Afrika oder Asien geboren wärst? Wenn du ein Flüchtling wärst? Oder eine Reinigungskraft, ohne die die Schule schmutzig wäre statt sauber und einladend? Eine Krankenschwester, die täglich alles gibt und am Ende des Monats ein Minus auf dem Konto hat?

Du erkennst dich gerade in meinen Worten wieder? Aber warum hältst du dann an CDU und SPD fest? Sie hatten doch ihre Chance... und haben mit Hartz-IV, ihren Steuererhöhungen und all den Gesetzen, die uns immer mehr knebeln und auspressen, ihre Chancen vertan.

Ja klar, Frau Merkel hat für eine kurze Zeit gezeigt,was Menschen erreichen können, wenn sie nur daran glauben und für einen kurzen Moment einfach nur Menschen sind. Ich werde, wie schon oft erwähnt, nie vergessen, wie ich heulend vor dem Fernseher saß und zuschaute, wie meine Mitbürger klatschten und jubelten, als die ersten syrischen Flüchtlinge Hamburg erreichten... ein so unbeschreibliches Gefühl, ich habe heute noch 'ne Gänsehaut...

Doch als es darauf ankam, da ist auch die Angie eingeknickt. Zu stark war der finanzielle und politische Aspekt. Teile der CDU und CSU, allen voran Herr Seehofer, teilten kräftig aus und ehe man sich versah, war es auch schon vorbei.

Stattdessen dominierten Berichte von völlig überforderten Ausländerbehörden und tausenden motivierten, aber im Stich gelassenen, freiwilligen, ehrenamtlichen Helfern am Ende ihrer Kräfte die Nachrichten.

Menschlichkeit im absoluten humanitären Notfall wurde auf einmal zu menschlichem Versagen umdiktiert. Jahrelanges Versagen der Politik auf einmal als inszenierter „Oh mein Gott"-Effekt dargestellt. Dabei weiß selbst mein kleiner Sohn, dass jeder, der mit Waffen handelt, auch mit den Früchten seiner Saat rechnen muss.

Mindestlohn, Leiharbeit, Fehlentscheidungen bei der Hartz-IV-Reform und soziale Ungerechtigkeit wurden urplötzlich nicht mehr von der CDU und SPD verursacht... nein, der syrische Flüchtling war schuld. „Es lebe der Rassismus!"

Die Frage, warum syrische Menschen aus ihrer Heimat flüchten müssen, wird nicht gestellt... das Wort „Rüstungsexporte" klingt kompliziert, wenn es denn überhaupt angesprochen wird... also egal, hab' keine Zeit für so einen politischen Mist... aber auf den Strassen zur Pegida-Hetze mitbrüllen, ja das ist so einfach. Und die AfD hat ja so tolle Ideen... als würde sich irgendwas ändern, wenn wir in Deutschland reinrassig deutsch wären, blond, heterosexuell und unterwürfig! Wozu also nachdenken? Tun doch andere, ich hab eh zu viel Stress...

Susanne Fiebig, 2017

Altersarmut

Warst das ganze Leben fleißig,
hast geschuftet wie ein Tier;
gönntest dir im Grund gar nichts,
wenn, dann höchstens mal ein Bier.

Hast dir deinen süßen Hintern
für die Firma krumm gemacht.
Auch der Fiskus war zufrieden,
aber Vorsicht, nun gibt Acht:

Jetzt im Alter musst du büßen,
teils mit Schmerzen, teils mit Hohn.
Denn die Rente, die dir zusteht,
gleicht doch nur 'nem Hungerlohn.

Norbert van Tiggelen, 2017

Mir ist kalt

Mir ist kalt... 5 Grad plus, aber der Regen prasselt
unaufhörlich. Meine Jacke und meine Hose, meine
Schuhe, ja sogar meine Mütze sind durchtränkt vom
Regen. Feuchte Luft in jeder Minute, in der ich atme.
Der Wind, nicht sichtbar und doch so gnadenlos,
dringt durch jede Schutzschicht, die ich versucht habe
um mich herum aufzubauen.

Gerade wollte ich nach einem wenig Kleingeld fragen,
... ein heißer Tee wäre so gut... aber der Blick der
Menschen, die eilig an mir vorbeilaufen, hält mich
davon ab zu fragen... ich hab' Hunger...

Mein Wohnzimmer ist der kalte Asphalt, mein Bett eine Isomatte und ein Schlafsack. Mein Bad die dunkle Ecke 100 Meter entfernt. Meine Küche? Ein Gaskocher, der leider kein Gas mehr hat.

Ein heißer Tee wäre immer noch toll...
Die letzten Kippen der vorbeiziehenden Menschen hab' ich mit meinen Fingern weggeräumt und rolle ich meine dünne Isomatte aus... der Wind ist immer noch nicht gebändigt, ...und dieser verdammte Regen... Ich ziehe meine Schuhe aus, sie müssen unter meinem provisorischen Kopfkissen... das nicht aus Daunenfedern besteht, sondern mein Rucksack ist, versteckt werden...

...lege ich mich in meinen Schlafsack. Aber den Reißverschluss lasse ich offen, um schnell flüchten zu können, falls mich jemand... schlägt, anzündet oder ... Welcher Tag ist heute? Wie spät ist es? Noch ein Schluck... gegen die Angst, gegen die Verzweiflung, gegen die Hoffnungslosigkeit, die Einsamkeit, gegen das mich Vergessen, gegen die Kälte, ...dieser blöde, kalte Wind. Und dieser Regen...

Ich bin müde... mein Körper kapituliert... schlafen... ich bin müde. Jetzt einfach nur schlafen...

Ich habe 30 Jahre gearbeitet, meine Frau hat sich einen anderen Mann gesucht, während ich für uns gearbeitet habe. Nach der Trennung hab' ich ihr und meinen Kindern die Wohnung überlassen. Bin beim Kumpel untergekommen... aber auf Dauer??? Mein Chef hat mir gekündigt, weil ich Fehler machte... nicht mit Absicht, aber alles was ich tat, war nicht genug... wie soll ich auch volle Leistung erbringen, während mein Privatleben total aus den Fugen gerät? Ich bin verzweifelt!

Ich hab 20 Jahre in einer großen Firma gearbeitet. Auf einmal sanken deren Umsatzzahlen... betriebsbedingte Kündigungen... aber da ist doch der Kredit für das Haus! Die Rate für's Auto! Die Küchenmöbelrate? Wie erkläre ich das nur meiner Frau? Ach, ich finde schon was Neues... wenn nicht diesen Monat, dann nächsten Monat.... oder übernächsten Monat... Mahnungen, ich bezahle sie, ganz bald...wirklich. Zwangsvollstreckung...

Meine Eltern trinken beide, jeden Tag... es kotzt mich an. Es ist peinlich, und Essen ist auch nie da ... und wenn sie besoffen sind, schlagen sie mich. Ich war beim Jugendamt. Eine Freundin sagte, die helfen mir... Aber ich will nicht mit 10 anderen in eine Unterkunft. Lieber bleib' ich alleine. Ich bin alt genug mit 14 Jahren. Ich schaffe das schon! Niemand sperrt mich mehr ein! Niemand tut mir mehr weh! Ich bin frei....

Aber der Wind durchdringt immer noch alle Schutzschichten, die ich um mich aufgebaut habe... und dieser Regen... ich habe Hunger... und Husten... mir ist so kalt...

Susanne Fiebig, 2017

Letztlich

Das Leben schenkt die Freundschaft und die Liebe,
Wir finden Menschen, um sie zu verliern,
Und sie verlieren uns im Weltgetriebe,
Gezählt die Tage, die wir existiern.

Wie unverwundbar wären unsre Herzen,
Hätt uns die Angst um niemanden gequält,
Wie blieben wir verschont von all den Schmerzen,
Wie viele Kugeln hätten uns verfehlt.

Und manchmal führ ich unbedacht Beschwerde,
Und müde von den Qualn jahrein jahraus,
Verfluche ich im Zorn die ganze Erde
Wie Kinder dann und wann ihr Elternhaus.

Mir fehlt die Kraft in manchen Lebenslagen
Für neuen Gram, der mir schon zugeteilt.
Und doch, bei all der Wirrnis will ich sagen,
Schon recht, dass mich das ganze Maß ereilt.

Das Herz mag sich mit keinem Trott bescheiden.
Und letztlich hab ich voller Dank gedacht,
Das Schicksal ließ mich alles das erleiden,
Was aus dem Menschen einen Menschen macht.

Frank Viehweg, 2016
Nachdichtung eines Gedichtes von Julia Drunina

Staat und Kirche

Getrennt sind Staat und Religion,
steht in der Verfassung schon.
Und wie sieht es wirklich aus?
Die Kirche nutzt den Staat nur aus.
Der Staat zieht Steuer für sie ein.
Der Bürger fragt: „Muss das denn sein?"

Außerdem ist nicht geheuer,
wieviel sonst von Bürgers Steuer
in der Kirche Kassen fließt,
was den Bürger sehr verdrießt.
Auch wer ohne Kirche lebt
und nach freiem Glauben strebt,
wird per Steuer angehalten,
den Kirchenhaushalt zu gestalten.

Fast alles, was die Kirche macht,
wird doch nur vom Staat erbracht.
Die Kirche sonnt sich in der Tat
in vielem, was bezahlt vom Staat.
Priester, Bischof, Kardinal,
Personal in großer Zahl,
werden nur vom Staat entlohnt,
weil die Kirche das gewohnt.

Krankenhaus und Kindergarten
können auch vom Staat erwarten,
dass er mit Steuern unterstützt,
was der Allgemeinheit nützt.
Der Kirchenanteil ist zum Schein
zwar vorhanden, doch sehr klein.

So hat der Staat auch festgelegt,
wie man moralisch sich bewegt.
Nur für die Kirche gilt das nicht,
sie hat ihr eigenes Gericht.
Sie darf auf Arbeitsschutz verzichten,
der liebe Gott wird es schon richten.

Niemand traut sich, das zu ändern,
in Berlin und in den Ländern.
Die Politik könnte das klären,
wenn Parteien anders wären.
Nicht nur Blick auf Wählerstimmen,
auf das Grundgesetz besinnen!

Werner Hüper, 2014

Frauentag

Mütter, ihr habt stets die Kinder geboren.
Wie oft schon habt ihr sie in Kriegen verloren?
Die Kriegstreiber haben mit euch kein Erbarmen,
Denn auf den Schlachtfeldern liegen nur die Armen.
Sie haben nicht unsre Heimat geschützt,
Sondern nur dem gierigen Kapital genützt.
Wenn nun ein Kind das Licht der Welt erblickt,
Schwört, dass ihr es nie auf ein Schlachtfeld schickt.
Sorgt dafür, dass sie nie zu Mördern werden.
Ihr seid die Garanten für den Frieden auf Erden.

Elisabeth Monsig, 2016

Generationskonflikt

Der erste Weltkrieg begann vor 100 Jahren.
Mein Großvater und alle, die jung waren,
Glaubten noch an den Kaiser und Sieg,
Doch das Vaterland verlor den Krieg.
Tod, Zerstörung im ganzen Land
Brachten uns fast um den Verstand.

Dass die Menschheit daraus lerne,
Sagte mein Großvater gerne.

Die Blume Hoffnung wächst und wir
Wählen Politiker mit ihrer Gier.
Nie wieder Krieg, das war gelogen.
Denn kaum 20 Jahre später
Sind sie wieder ins Feld gezogen.
Es starb die Generation der Väter.

Dass die Menschheit daraus lerne,
Sagte mein Vater gerne.

Seit 70 Jahren wollen wir Frieden schaffen
Hier schweigt der Krieg, doch all die Waffen
Werden in Krisenherde exportiert.
Wenn dann die Bombe explodiert,
Müssen unschuldige Kinder sterben.
Werden wir das Unheil vererben?

Ilga Röder, 1986

Der Bluthund des Kapitalismus

Wer kennt das Zitat von Jean Jaurès (1859-1914) nicht, "Der Kapitalismus trägt den Krieg in sich wie die Wolke den Regen". Oft zitiert und doch nie verstanden. Denn heute heißt es wieder zu den Waffen, um den Menschen zu befreien, von allerlei Unterdrückung, Tyrannei und Ausbeutung durch den Kapitalismus weltweit. Man ist bereit, den Bluthund des Kapitalismus von der Leine zu lassen, und geht doch echt davon aus, dass er seinen Herrn nicht nur angreift, sondern ihn auch vernichtet. Dieser Bluthund wird aber nur das tun, was sein Herr von ihm erwartet.

Dieser Bluthund wird zerstören, was aufgebaut wurde durch Menschen und Arbeitskraft in Form von Menschen vernichten/töten. Sodass am Ende einer der wichtigsten Aspekte des Kapitalismus wieder möglich ist, und zwar Wachstum. Man braucht nur hinter sich in die Geschichtsbücher schauen, und man erkennt, dass es sich immer wiederholt. Das einzige, was sich ändert im Laufe dieser Wiederholungen, sind die Abstände zwischen Aufbau und Zerstörung. Denn die Produktion, die einen Aufbau ermöglicht, wird immer effektiver. Brauchte ein Land noch vor ein paar Jahrhunderten Jahrzehnte dafür, um sich von einem Krieg zu erholen, ist das heute in ein paar Jahren schon möglich.

Solange wir also Kriege nicht verhindern, wird sich nichts ändern, nur dass die Abstände zwischen Krieg und Frieden immer kürzer werden auf dieser Welt.

Klaus Meier, 2017

Pessimistische Hoffnung

Können wir es denn nicht hören,
all das kommt, was könnte stören?
Still und träge leben wir dahin,
nur der Höcke weiß genau wohin.
Viele schreien ins selbe Horn,
Politik und Medien mit ganz vorn.
Der Flüchtling sei an allem schuld,
langsam verlieren sie die Geduld:
„Wie konnte es bloß soweit kommen?
Entwicklungshilfe, Bush und Bomben-
da können wir doch schon erwarten,
ihren Tod gefälligst dort zu ertragen!"
Rückständig seien diese Islamisten,
schreien aufgeklärt die Faschisten.
Doch sind es wirklich nur die Rechten,
die diesen Worten laut beipflichten?
Freiheit sei unsere höchste Norm,
überwacht nur werden muss die Form.
Demokratie würden wir exportieren,
müssen sie dafür Waffen importieren?
Hierzulande sei jeder gleich zurecht,
nur Geld und Pass bindet dieses Recht.
Gerechtigkeit würden wir erschaffen,
kann dies denn TTIP auch beschaffen?
Zu Toleranz verpflichtet seien alle hier,
nur die Fremden, die verjagen wir.
Die Geschichte sollten wir nicht vergessen,
doch woran wir dies wohl bemessen?
Furcht und Trug uns nun verleiten,
Menschenleben hinauszugeleiten.
Nicht das Flüchten hat hier die Schuld,
vielmehr ist's die global monetäre Huld.
Statt Kapital und Rasse zu entkräften,
schreien wir Heil zu Rüstungskräften.

Statt die Gemeinschaft neu zu denken,
bleibt stur das Ich, bis zum Verrecken.
Doch allein können wir nicht verändern,
die Wölfe in ihren Schafsgewändern.
Ihre Utopie als konstruierte Struktur,
Fiktion wird zu konstruierender Natur.
Diese Mär brachte dann zu Tage,
was konträr benannt heutzutage:
Kapital, der Markt und Diktatur,
im Kollektiv zerstören die Natur.
Des Empires fragile Hegemonie,
reproduziert Leid und Egomanie.
Auf Effizienz und Wettbewerbskampf,
folgt stets absorbierter Klassenkampf.
Dieser Wahn wird erst verwehen,
wenn das Neue kann entstehen.
Macht und Herrschaft stets bekämpfen,
durch das Wort und vereintes Kämpfen.
Nicht den Menschen brauchen wir überwinden,
doch Gier und Hass müssen verschwinden.
Liebe, Freiheit und Solidarität,
fortan sollen prägen die Identität!
Mit der Liebe eine Saat gelegt,
womit ein neues Band entsteht.
Freiheit bedeutet in Konsequenz,
global zu wählen die Existenz!
Mensch wie Erde solidarisch denken,
das Band der Liebe jedem schenken.
Die Frucht der Saat sind derart am Blühen,
Gier und Hass schon bald verglühen!
Fernen Traum wir nur erschaffen,
wenn allen wir Gehör verschaffen.
Das Alte verliert sofort die Macht,
wenn jeder Mensch ist aufgewacht!

Bahman Warsdasbi, 2017

Das Wichtigste in dieser Zeit

Ist die Frage der Sicherheit

Und die rote Oma fragt sich für wen?

Fragt man eine alte Rentnerin; ob sie sicher ist anständig beerdigt zu werden, wenn ihre Kinder arbeitslos sind und das Geld dazu fehlt.

Fragt man einen Mann (im Arbeitsanzug) ob er sich sicher ist die nächsten Jahre noch Arbeit zu haben.

Fragt man junge Menschen, ob sie eine sichere Zukunft haben, um eine Familie zu gründen.

Fragt man ältere Bürger, die schon jahrelang in preisgünstigen einfachen Wohnungen leben, ob sie sicher vor Rausschmiss sind, falls es dem Vermieter zu wenig Profit bringt.

Langzeitarbeitslose, Leiharbeiter, 1-Euro-Jobber, Billiglohnarbeiter, Obdachlose und und und.
Sobald diese Menschen alle auf die Straße gehen und für ihre ganz normalen Rechte demonstrieren.

Mit großer Sicherheit, wenn Ihr Euch das gefallen lasst, nicht gemeinsam.
Werden sie mit Wasserwerfern, Schlagstöcken, Pfefferspray und brutalen Behandlungen Bekanntschaft machen.

Elisabeth Monsig, 2017

15. Januar

Feucht war es und kalt.
Vermummte Polizei, bürgernah, gewaltbereit. Rot-
schwarzer Block, Regenbogen, auch Ehemalige.
Gestrige und realistische Utopisten.
Entschlossene und Wütende,
mit Kinderwagen, mit Liebe, mit Lachen,
Blumen, Fahnen, Losungen, Utopien.
Die alten Lieder.
Tausende.
Freunde.
Tausende Freunde.
Unvergessen, Karl und Rosa.

Abel Doering, 2017

Das Wahljahr 2017

Es macht mich stutzig, dass die Regierung sich traut,
Anfang des Jahres fast auf allen Gebieten mit
Preiserhöhungen für lebenswichtige Produkte den
Bürgern Schrecken einjagt, wo oft schon vorher das
Geld an allen Ecken fehlt!

Und das alles während der Wahlvorbereitungen? Sind
„die Großen" sich so sicher, dass sie wieder gewählt
werden?

Dann könnten sie, nach der Wahl „den Bürgern" noch
tiefer in die Taschen greifen, sie sind ja größtenteils
brav wie die Schafe!

Elisabeth Monsig, 2017

Die hohen Politiker

Die hohen Politiker
sie machen sich Sorgen
der Sicherheit wegen

Dabei brauchten sie doch nur
Völkerfreundschaft zu pflegen
Das Gute würde gar nichts kosten
die Waffen dürften langsam rosten

Elisabeth Monsig, 2015

Der kleine Erdogan

Da macht der kleine Erdogan,
ganz wild in seinem Pimmelwahn,
die Kurden und den Rest so an.

Mit Salafist und Taliban,
greift er die Amis gerne an
und auch Europa kriegt was weg,
für Erdogan sind viele Dreck.

Darum sage ich ganz laut:
„Mit dem Krieg ist Schluss für heut'.
Erdogan, du kleiner Wicht,
du bist wirklich nicht ganz dicht.

Sitzt auf deinem Arab-Schimmel,
brichst beim Sturz dir fast den Pimmel.
Das ist echt ein niemands Muss,
dein Stumpfsinn an Polit-Zirkus!"

Ronja Rouge, 2017

Vaterstaat

Was nützt uns unser Vaterstaat,
wenn die Stiefmutter das Sagen hat?
Sie ist im Bunde der Reichen willkommen,
in deren Umfeld kann sie sich sonnen.
Der Vater kann seinen Kindern nur so viel geben,
dass sie mal gerade so überleben.
Und sie sagt den Kindern an fast allen Tagen,
wie gut sie es doch bei der Stiefmutter haben.
Wollt ihr immer Stiefkinder bleiben?

Elisabeth Monsig, 2015

Bundeswehr

Es gibt einen Unterschied in Bundeswehr und
Feuerwehr.

Die Bundeswehr hat ihre Truppenübungsplätze,
wo sie üben, wie man Menschen umbringt,
wie man sie mordet, mit welchen Mitteln.
Wie man Dörfer und Städte bombardiert.
Wie man Brücken zerstört.
Sie werden dafür mit Steuergeldern unterstützt, geehrt
und geachtet.

Und die Feuerwehr, sie lernt tagtäglich, wie man
Menschen, Tiere, die Natur schützt und rettet,
und kriegt wenig Anerkennung.

Elisabeth Monsig, 2016

Zweibeinige „Schnüffelschweine"

Zweibeinige „Schnüffelschweine"
sind doch niemals Trüffelschweine.
Denn sie suchen Gold, Silber und Edelsteine!
Auch Erdöl und Edelmetalle sind willkommen,
alles vom Besten wird gerne bald mitgenommen.
Nun leben aber viele Menschen dort,
die gar nichts wissen von dem Reichtum vor Ort.
Wenn Menschen dort leben, dann stören sie bloß.
Wir werden sie jagen – dann sind wir sie los!
Wo arme Völker auf Bodenschätzen leben,
nehmen sie sich das Recht, sie ihnen zu nehmen.
Wo käme die „Wertegemeinschaft" hin,
wenn alles nach den Wünschen der Ärmsten ging?

Elisabeth Monsig, 2016

Wir sind genug für alle

Während ich esse, hungern die andern.
Was esse ich? Ein BIO-Müsli mit Getreide aus
Marokko, gesät, gepflegt und geerntet für einen
Hungerlohn. Über das Meer geschifft von Frachtern
mit schwarzen Rauchfahnen und Ölspuren im
Fahrwasser.

Während ich bade, vertrocknen die Kehlen der Kinder
in der Wüste.

Wann habe ich Zeit zum Baden? Nach der Arbeit
quäle ich mich durch den Stau, sehe die vielen müden
Gesichter in ihren Autos, kämpfe selbst gegen die
Müdigkeit, greife im Billigmarkt eilig nach Brot und

Käse, mehr ahnend als wissend vom Gift in der Nahrung, kümmere mich dann um die quengelnden Kinder. Schließlich platzt meine Wut, schreit gegen die, die ich liebe.

Im Fernsehen ist die Welt heil. Kaum ein Film, der kein Happy-End hat. Das beruhigt. Eigentlich will ich noch baden.
Doch dann schlafe ich vor der Glotze ein.
Um mich morgen wieder abzurackern für andere, die ich reich mache. Die ihr Geld - das sie mir abgezwackt haben von dem Ertrag meiner Arbeit - nach Bangladesh schaffen, wo Kinder meine Hemden nähen.
Ja, ich bin unwissend, naiv.

Auch wenn mein Elend nicht so groß ist wie das Elend der anderen, bleibt es doch Elend. Meine Haut wird grau, mein Rücken krümmt sich, ich werde fett. Und die Angst, ausgerechnet den Platz zu verlieren, an dem ich täglich ein bisschen kränker werde, den begehrten Arbeitsplatz, macht mich verrückt.

Und jetzt kommen welche, die rufen „Wach auf!"

Dabei bin ich so froh, wenn ich manchmal ausschlafen kann.
Wahrlich, genug ist für alle da. Warum gehen wir nicht hin und nehmen uns, was wir erschaffen? An ein besseres Leben für alle zu glauben, reicht das?

Unser Glaube ist blind, weil ihm Wissen fehlt.
Schlaft, so lange ihr wollt. Bleibt zuhaus am 2. Mai, statt am 1. Mai eure sanfte Empörung nur noch zu demonstrieren.
Verweigert euch den Ausbeutern, sie foltern euch und die, die ihr in ihrem noch größeren Elend betrauert.

Seid ausgeschlafener als die, welche euch zwingen,
täglich für sie aufzuwachen, vorzeitig, um pünktlich
antreten zu können im Hamsterrad eurer Illusionen.

Während ihr nur an ein gutes Leben glaubt, zählen sie
nach, wie viel Reichtum sie euch genommen haben.
Die wenigen Ausbeuter kriegen wir weggefegt. Wir
sind genug für alle - von denen.

Rene Wolf, 2017

Kirschbaum

Nur Schwärze nach dem großen Brand
und manch ein Sommer fiel ihm aus.
Schwarz der Boden, Asche, Sand,
schwarzgebrannt ein Stamm daraus.

Schwarze Äste ohne Blatt, nicht
Blüte noch Frucht für lange Zeit;
ein Griff: verkohlte Rinde bricht,
kündet von Unwiederbringlichkeit.

Doch in dem Grund, erst zögerlich,
als alte, noch nicht tote Kraft,
der Wurzeln Arbeit, wesentlich,
treibt in das mürbe Holz den Saft.

Nun Grün das alte Schwarz umrankt,
dann Weiß, dass jede Trauer bricht.
Der Kirschen neues Rot entflammt -
weit greller als des Feuers Licht.

Emko, 2017

Du Arschloch Berlin

In der U-Bahn, die Menschen, sie blicken nach unten.
Man sieht in den Augen, die Seele leckt Wunden.
Die U-Bahn, sie fährt durch Berlin hin & her.
Man spürt in den Tunneln, die Herzen sind schwer.
Der Ausstieg am Alex, es ist viel zu eng.
Auch hier sind die Blicke voll Wut viel zu streng.
Der Blick durch die Tauben, so quer über'n Platz.
Die Menschen voll Hektik, dazu wenig Rast.
Schaut hin, das sind Leichen, das Leben der Stadt.
Die Sehnsucht im Bild macht die Menschen nicht satt.
Berlin, schau dir an, was hast du getan?
Bist du denn jemals die U-Bahn gefahr'n?
Es rumpelt auf Schienen ins Dunkel hinein.
Niemand der lebt, will wirklich hier sein.
Der Blick voller Kummer, sie wollen laut schrein.
Die Macht eures Geldes, das wird ihr Tod sein.
Eine Wirtschaft, aus Kummer, sie werden gedrückt.
Das alles, das macht deine Menschen kaputt.
Berlin, eine Großstadt, so dreckig und stinkt.
Die Schatten der Häuser, ein drohender Wink.
Du Riese, du Dunkel, du bist wie ein Loch.
Der Hintern der Welt, aber eins hast du doch.
Die Menschen, sie fahren im rumpelnden Takt.
Und spüren sie alle, die seltsame Kraft.
Geboren im Leiden, die Sehnsucht ist Schmerz.
Wir schließen dich trotzdem ins leidvolle Herz.

Ronja Rouge, 2014

Ich träume

nachts, wie ich über den Wolken fliege
wo Freiheit grenzenlos und Götter sich vergnügen
Ich träum ich könnt mit Zeus den Hades besiegen
und hier auf Erden das Himmelreich hinkriegen

Ich träume nachts wie ich durch alle Meere schwimme
und mit Apollon den Parnassus erklimme
ich lausche dort der Musen ihrer Stimmen
wie sie himmlisch und unbeschwert klingen

Doch dann wach ich auf,
und das von Tag zu Tag
merk das Leben ist kein Traum,
es kommt Schlag auf Schlag

Träume werden Schäume,
wenn man nichts mehr wagt
Was ist schon ein Traum
und was ist wirklich wahr?

Ich träume nachts wie sich die Nymphen enthüllen
und sich verborgene Wünsche erfüllen
träum von dir und von himmlischen Idyllen
träum vom Paradies um Himmels Willen

Ich träume nachts, dass die Sirenen für mich singen
die Versuchung will mich sanft verschlingen
wie List und Tricks und Ungeheuer um mich ringen
und mich langsam aber stetig umbringen

Doch dann wach ich auf,
und das von Tag zu Tag
zum Glück war's bloß ein Traum,
doch der war wirklich arg.
Träume werden Schäume,
wenn man nichts mehr wagt
Was ist schon ein Traum
und was ist wirklich wahr?

Wenigstens einmal durchs Universum fliegen
Wenigstens einmal die Zeit verschieben
Wenigstens einmal n Regenbogen biegen
Wenigstens einmal träum ich von ner Welt in Frieden

Tobias Thiele, 2011

So ist das Ministerleben

Kein Anstand, keine Ehre,
Den Besitzstand mehre,
Das Volk verachte,
Nach Mittätern trachte!
So der Kodex der Minister,
der menschenfeindlichen Philister!
Ohne rot zu werden lügen,
ohne Scham dich zu betrügen!
Aktenberge ungelesen
zeugen von des Narren Wesen.
Fressen, Saufen ohne Frag' –
den Ranzen durch die Gegend trag.
So geht halt Ministerleben:
niemals was dem Volke geben!
Im Gegenteil, man raubt es aus
und lebet selbst in Saus und Braus!
Deshalb oh Bürger habe acht,
was dieses Pack so mit euch macht!
Und lasset nicht die Lobbyisten
bei diesen Gaunern auch noch nisten!
Und wird es euch mal doch zuviel,
lasst nicht mehr zu das böse Spiel!
Jagt sie aus eurem Parlament
mit Jauche und mit Temperament!

Hermann Palmer, 2015

Unerhört

All die ungesungenen Lieder bleiben unerhört
all die ungefragten Fragen bleiben unerhört
all die längst untergegangenen bleiben unerhört
all die totgesagten Dichter bleiben unerhört

All die ungesprochenen Wörter bleiben unerhört
und all die verbrannten Bücher bleiben unerhört
all die ungespielten Töne bleiben unerhört
und wer schweigt und nichts sagt, der bleibt unerhört

Hört man zu oder hört man nicht hin
verschließt man Ohren, Augen und Sinn
es tönt so laut, es gibt kein Entrinn
die Mauern und Grenzen schreien bis zum Himmel
hin

Hörst du, wie die Loreley singt
und ihr Gesang das Schiff zum Kentern bringt
die Sirenen die so lieblich klingn
und das Schiff zerschellt und versinkt

Die großen, nicht die kleinen Verbrecher find ich
unerhört
Waffenlobby, Kriegsminister find ich unerhört
all die dichtgemachten Grenzen find ich unerhört
Und den ganzen braunen Mob hier find ich unerhört

All die Kriege, all das Leid find ich unerhört
all die Gründe, die sie suchen, find ich unerhört

und all die Toten auf den Meeren find ich unerhört
und all die geheimen Verhandlungen find ich unerhört

Hört man zu oder hört man nicht hin

All die Kriege, die sie führn, führn sie ungestört
Sie reden vom Aufbau des Friedens, hab ich mich
verhört?
Wenn Wiederholung des Falschen zur Wahrheit wird
Die Geschichte schreibt der Sieger und nicht, der
verliert

All die Banken und Lobbyisten sind am Kalkulieren
All die Wege, die sie gehen, führen durch Hintertüren
All die in den Führungsgremien ham nichts zu
verliern
Sie können trotz alledem auch noch abkassieren

Hört man zu oder hört man nicht hin

Tobias Thiele, 2015

Man möchte

Man möchte seitens Herrschaft nicht, dass die
Menschen sich vorurteilsfrei gegen den Kapitalismus
und unabhängig für eine lebenswerte Welt einsetzen

Max Wolf, 2017

Farewell

Da du Lehrer und Kämpfer für Zukunft und Recht
nun gegangen bist, bleiben allein wir zurück,
dir verbunden und klüger ein sehr großes Stück,
denn wir lernten: Die rote Welt verlor'n wir zurecht.
Viel lehrtest du über's sechsundfünfziger Jahr,
über die Lüge, welche da war, und forschtest genug,
um uns Kunde zu tun von des Jahrhunderts Betrug.
So warntest immer neu du vor des Weichens Gefahr.

Mit „ne strelat!" einst fort von der braunen Pest,
warst Jasyk du, Zunge, und danach Kommunist,
drehtest um dein Gewehr dann als Rotarmist
und verfolgtest die Faschisten bis tief in ihr Nest.

Auroras roten Funken zwei Wiegentage voraus,
warst als Kind des Oktober deiner Klasse du Sohn,
warst der ihre und stießest dann letzlich vom Thron
jene Heuchler, Verräter an der Schaffenden Haus.

Farewell, du bist jetzt fort, und deine Schüler,
verstreut,
sie wissen Bescheid: Sie sind ja wir, die wir hier sind,
um mutig zu bestehen gegen feindlichen Wind,
gegen Armut, Bomben, Bosheit in verlogener Zeit.

Es liegt an uns nun, mit unserem Wissen als Pfeil
es zu treffen, der Bourgeoisie verfaulendes Herz,
ihre Börsen und Banken und des Krieges Kommerz
und dir zu danken: Der Revolution wirst du sein Teil!

Emko, 2017

88

Wir sind wieder mal Weltmeister

Man kommt sich immer mehr vor wie im Film „Matrix". Das Gefühl, dass man manipuliert werden soll, macht sich im Bauch breit, und die Mainstream-Medien bestätigen es einem. Nur dass es hier nicht Maschinen sind, die einem die heile Welt vormachen wollen, sondern dass es Menschen sind, die die Massen manipulieren, beherrschen und lenken. Menschen, die auf ihr eigenes Wohl bedacht sind ohne Rücksicht auf das Menschsein oder menschlich sein.

Deutschland musste diese WM gewinnen, um die Massen im Land wieder zu beruhigen. Es musste ein Mittel her, was die sozialen Ungerechtigkeiten und Ungereimtheiten im Land verblassen lässt, und wenn es nur für ein paar Monate ist. Ein gemeinsoziologisches Projekt musste her, an das man die Massen binden kann, damit sie, wenn auch nur kurz, vergessen können, wie schlecht es ihnen doch geht in diesem reichen Land, was jetzt auch noch Weltmeister ist.

Die neokapitalistische Politik, die schon lange nur noch die rechte Hand des Kapitals darstellt, kann jetzt besagte Hand den Bewohnern dieses Landes wieder tief in den Anus rammen und sie so zum wiederholten Male zu freien Marionetten machen. Wir haben 2014 und der Mensch lässt sich immer noch mit Brot und Spielen von seiner Freiheit, Brüderlichkeit und Selbstbestimmung abhalten.

Klaus Meier, 2014

Donald Trump

Amerika verändert sich,
was dort passiert, ist fürchterlich.
Zur Wahl trat an ein Blender,
der präsent auf jedem Sender.
Das Volk war blind vor Euphorie
und so verwirrt, wie vorher nie.

Können Amis nicht selbst denken,
weil Politiker sie lenken?
Denn als die Stimmen ausgezählt,
war Trump als Präsident gewählt.
Ein Chaot kann nun bestimmen,
und regiert jetzt wie von Sinnen.

Dürfen Amis sich beklagen,
wenn sie es tatsächlich wagen,
diesen Mann ins Amt zu schicken,
der zu blöd ist, durchzublicken?
Der für die Zukunft höchst brisant,
nicht nur für das eigene Land!

Donald hat doch längst bewiesen,
für Regierungsjobs wie diesen,
fehlt es ihm an Hirn und Wissen,
niemand würde ihn vermissen.
Im Inland hat er schon gezeigt:
Er neigt zur Überheblichkeit.

Und sogar Vertraulichkeiten
lässt er überall verbreiten.
Die Wähler sind z.T. geschockt,
was er sonst wohl noch verbockt?
Er schreckt ja wohl vor nichts zurück,
hat ständig nur sich selbst im Blick.

Auf seiner Europareise
wurde klar, er hat 'ne Meise.
Er nennt die NATO obsolet
und tritt dort auf wie ein Prolet.
Er gibt sich äußerst selbstverliebt,
vergisst wohl, dass es Partner gibt.

Und Donald Trump, dies' Trampeltier,
behauptet allen Ernstes hier,
NATO-Staaten hätten Schulden,
das sei länger nicht zu dulden.
Deutschland solle nachentrichten,
das gehöre zu den Pflichten.

Bush hatte die Welt belogen
und das eigne Volk betrogen.
Soldaten in den Krieg geschickt
und Freveltaten abgenickt.
Nun will Donald Trump uns sagen,
er will noch mehr Kriege wagen?

Zum Wohl der Rüstungsindustrie
beschafft er Waffen wie noch nie.
Das soll auch bei uns geschehen,
wo man Krieg führt, wird man sehen.
Um die Partner einzubinden,
wird man Einsatzorte finden.

Ob Polen oder Orient
GI's sind überall präsent.
Und gibt es'ne Gelegenheit,
sind die Drohnen auch nicht weit.
In Ramstein starten sie im Nu
und Deutschland lässt es leider zu.

Werner Hüper, 2017

Glyphosat

Ich weiß noch, dass am Wegesrand
ein bunter Blumenreigen stand.
Kornblumen blau und roter Mohn,
die sah man von weitem schon.

Der Bauer, der sie stehen ließ,
schuf ein Insektenparadies.
Die hatten ihren Lebensraum,
für Mensch und Tier war es ein Traum.

Bis ein paar Chemiegiganten
Chancen für Gewinn erkannten.
Und Monsanto vorneweg
produzierte Umweltdreck.

Als Glyphosat ist er bekannt,
die Bauern sprühen ihn auf Land.
Erst gingen die Blumen ein,
für Tiere wird's das Ende sein.

Auch Bayer witterte Profit,
kaufte Monsanto und macht mit
bei den großen Umweltsünden -
nur aus monetären Gründen.

Den Bossen ist der Mensch egal,
die Krankheit Krebs gib es nun mal.
Was Glyphosat den Menschen tut,
macht Bayer anders wieder gut.

Bayer verkauft viel Arznei,
auch gegen Krebs ist was dabei.
Soll ein Aktionär sich zieren?
Er kann doppelt profitieren!
Werner Hüper, 2017

Don Quichotte

Wer sagt, dass Don Quichotte gestorben wär?
Ich bitte euch, das dürft ihr niemals glauben.
Nicht Tod, nicht Zeit kann ihm das Leben rauben.
Er ist schon wieder auf dem Weg, seht her!

Und macht ihm mancher Schlag das Dasein schwer,
Wie Orden zeigt er seine Narben her.
Die Windmühlnflügel knarren nicht zu knapp,
Doch Sancho Panza winkt gelangweilt ab.
Er legt auf blaue Flecken keinen Wert,

Hat solcherart Medaillen nie begehrt.
Der Edelmut, der nur dem Narrn gebührt,
Weiß er, hat ihn zu keiner Zeit verführt.
Bevor man jemand rettet im Geschick,
Steckt einem selbst das Messer im Genick.

Ein Haus ist sicherer als das Himmelszelt.
Und dennoch gibt es Ritter in der Welt
Wer sagt, dass Don Quichotte gestorben wär?
Er ist schon wieder auf dem Weg, seht her!
Wer sagt, dass Don Quichotte gestorben wär?

Frank Viehweg, 2016
Nachdichtung eines Gedichtes von Julia Drunina

Reformen, Reformen

Reformen, Reformen und immer mehr
und immer wirds schlechter als vorher.
Und viele sagen: „Ist ja schlimm, aber man kann ja
nichts machen."
Wenns nicht so traurig wär, könnte man lachen.

Wären niemals Menschen aufgestanden
und gegen Unrecht angegangen,
dann müsstet ihr heute noch, das sollt ihr wissen,
Dem Hochadel die Füße küssen.
Seid nicht wie der Vogel Strauß,
Kopf hoch, zeigt ihm die Faust!

Elisabeth Monsig, 2016

Der goldene Westen

Wie strahlte einst der goldene Westen,
Es war doch alles nur vom Besten.
Mit Fremdarbeitern und Marshallplan
Ging alles gewaltig schnell voran.

Was man vom Westen trennen wollte,
Und auch nicht stärker werden sollte,
Das waren all die vielen Staaten,
Die durch den Krieg gelitten hatten.

Der Hitlerkrieg war purer Mord.
Er brachte Leid in jeden Ort.
Sowjetsoldaten boten bald
Dem bösen Treiben endlich halt.

Der Aufbau fiel den Menschen schwer,
Auf Hilfe warten? Sagt, woher?
Die Freunde hatten selber Not,
Viel Trümmer, Leid und wenig Brot.

Der Friedenswille wuchs sehr stark,
Der viele Kräfte in sich barg.
So war es schließlich doch gelungen,
Dass wir ein gutes Ziel errungen.

Die großen Bosse in der Welt,
Die sparten nicht am großen Geld.
Beim Sozialismus sah'n sie Rot,
Und laufend haben sie gedroht:
Embargo und der kalte Krieg,
Doch womit kamen sie zum Sieg?

Nun haben sie endlich, was sie gewollt.
Mit Ausbeutung wird brutal überrollt
Das ganze große östliche Land,
Auf dem man auf Sozialismus stand.

Nun wird auch der goldene Westen
Vom Kapitalismus aufgefressen.
Sie brauchen nicht mehr gen Osten zu blenden,
Die Zeit ist vorbei, das Blatt tat sich wenden.

Elisabeth Monsig, 2015

Aus dem Alltag

Wenn ein älterer Mensch auf dich zu kommt und viel zu ernst guckt, grüße mit den Worten: „Einen wunderschönen guten Tag."

Wenn du einem Obdachlosen Geld gibst, gib ihm das in die Hand statt es in den Becher zu schmeißen und grüße auch ihn freundlich dabei.

Wenn du an der Kasse stehst und die drei vor dir telefonieren, statt die Kassiererin eines Blickes zu würdigen, sei besonders freundlich.

Kinderwagen und Rollatoren runter tragen helfen, macht besonders viel Spaß, wenn die Männer drum herum peinlich gerührt wegschauen.

Geh als Deutsche/r in ein türkisch/arabisches Geschäft und grüße mit salam alaikoum.

Schmeiß einfachmal mit netten Worten und Gesten um dich!

Susanne Fiebig, 2017

Bush und Trump

Erst hat Bush die Welt belogen,
dann ist er in den Krieg gezogen.
Der nahe Osten war das Ziel,
der Irak ihm grad gefiel.

Das Erdöl war das wahre Ziel,
im Nahen Osten gibt es viel.
Und für die Amis reicht das schon
für eine schnelle Aggression.

Die Welt hat dabei zugesehen,
ließ das Massaker dort geschehen.
Auch Blair in purem Angriffswahn
war begeistert von dem Plan.

Was damals im Irak geschehen,
kann man auch woanders sehen.
Die USA sind rücksichtslos,
folgen ihren Zielen bloß.

Sie greifen ein mit Militär,
als wenn die Welt ihr Eigen wär.
Völkerrecht hat kein Gewicht,
denn es interessiert sie nicht.

Die Hoffnung, dass es besser werde,
und Frieden gibt auf unsrer Erde,
ist inzwischen wohl gestorben.
Donald Trump hat sie verdorben.

Schon Bush war sicher schlimm genug,
regierte nur mit Lug und Trug.
Hörte gern auf Kriminelle,
führte Krieg mal auf die Schnelle.

Wer halbwegs diese Welt versteht,
glaubt nicht, dass es noch schlimmer geht.
Doch den Beweis dafür tritt an,
Trump, der regieren auch nicht kann.

Werner Hüper, 2017

Chile

Chile, you're far away
Over the mountains and the sea
But we are with you all the way to freedom.

From afar I heard a song
Calling out it's countries wrong.
I couldn't really listen long
Our own sad bells were ringing.
But when the voice it came again
The singer changed around the names
The words and tune became the same
As the songs that we are singing.

There came a new light with Allende
Hero of the working man.
A new hope spread throughout the land
A healthy wind was blowing.
People's wealth was shared around
Rich men lost and poor men found
Living in the shanty-towns
Became a life worth living.

Chile, refuge of the free
The tyrants' tanks, they feared your dreams
They came and crashed you to your knees
Your blood flowed like a river.
But Chile, you are not alone
You've brothers all around the world
For working men to gain their own
We all must stand together.

Chile, you're far away
Over the mountains and the sea
But we are with you all the way to freedom.

Tommy Sands, 1974

Philosophisches Märchen

Und der König sagte seinem Philosophen: „Philosoph, ich habe heute schlecht geschlafen und bin entsprechend gelaunt. Mach mir eine Philosophie, die meiner Befindlichkeit entspricht!"

Der Philosoph setzte sich sofort an seine Arbeit und schon vor dem Frühstück war das System im Rohbau fertig, seine Durchbildung konnte gegen Mittag als beendet angesehen werden, zum Kaffee wurden bereits die Materialien zur Propagierung der volkstümlichen Varianten in zehn Hauptgeschmacksrichtungen gereicht. Die neue Philosophie war so durchdrungen von dem schlechten Atem eines unausgeschlafenen und entsprechend gelaunten Herrschers, daß die Industrie am Abend schon verschiedene Mundsprays auf den Markt geworfen hatte, die den königlichen Nachgeschmack mehr oder weniger trefflich imitierten. Die Serie hieß „Hoch leben die Launen unseres Herrn und Königs!" und fand reißenden Absatz.

Vor dem Schlafengehen reichte man seiner Majestät die Luxusausführung, die sogleich probiert wurde, und er war wieder einmal angenehm überrascht, und es verblüffte ihn schon ein wenig, mit welcher Genauigkeit sein hochherrschaftlicher Organismus mit offenbar sensibelsten Rezeptoren die Gefühle seiner Untertanen erspürt und diese hochgenau in eigenes Befinden und Schwankungen des Wohlseins umsetzt, daß er mit derart geringer Abweichung den Geschmack seines Volkes trifft, den er nun zum Vergleich und als Bestätigung genoss.

Zufrieden schlief er mit einem huldvollen Lächeln auf seinen majestätischen Lippen ein. Der letzte Gedanke, der ihn in den Schlaf begleitete auf eine der zehn kanonisierten Weisen war, daß er ganz offensichtlich genau der richtige Herrscher sei für dieses Volk. Was zu beweisen war!

Was kann eine Philosophie mehr wollen?!

Jürgen Eger, 1985

Trump und der Klimawandel

Beim Treffen neulich der G-Sieben,
wär' besser man zu Haus geblieben.
Der Präsident der USA
war auch für ein paar Tage da,
hatte wenig beizutragen
und verstand nicht alle Fragen.

Gerötet von der Sonnenbank,
auf der er wieder lag zu lang,
sah man es gleich an dem Gesicht,
die Sonne, die verträgt er nicht.
Die grauen Zellen trocknen ein,
das ließe er wohl besser sein.

Bei zu viel Sonne auf dem Haupt
wird einem der Verstand geraubt.
Mit diesem Hirn kann man nicht denken,
geschweige denn, die Staaten lenken.
Amis kann man nicht verstehen,
war die Wahl nur ein Versehen?

Dem Klimawandel glaubt er nicht,
er sieht die Welt in andrem Licht.
Schuld sind daran die Chinesen,
hat er irgendwo gelesen.
Verträge, die nicht er geschlossen,
die kündigt er jetzt unverdrossen.

Was ist schon der Klimawandel
im Vergleich zum Waffenhandel?
Da werden Kriege exportiert,
auch wenn man hier und da verliert.
Das hilft der Rüstungsindustrie,
schafft neue Jobs wie vorher nie.

Die ganze Welt ist nun geschockt,
was hat man vorher nur verbockt?
Die USA hat man hofiert
und dabei leider nicht kapiert,
um nicht ständig zu verlieren
eigenständig zu agieren.

Mit Trump gibt's keine Allianz,
er ist geprägt von Ignoranz.
Geistig total abgehoben,
hat die Werte er verschoben.
Europa ist nicht interessant,
es zählt nur noch das eigene Land.

Jeder, der davon betroffen,
kann doch nur noch darauf hoffen,
dass aus dem Amt man ihn verjagt
und weil korrupt, ihn auch verklagt.
Und dass Europa sich besinnt
und selbst mit Politik beginnt.

Werner Hüper, 2017

Kohl wird der Kanzler der Einheit genannt

Kohl wird der Kanzler der Einheit genannt,
Er kam mit der Treuhand Hand in Hand.
Blühende Landschaften wurden versprochen.
Hat denn niemand den faulen Braten gerochen?

Vielen wird es besser, niemandem schlechter gehen,
Und heute die Schlangen am Arbeitsamt stehn.
Aus Werktätigen wurden Ossis gemacht,
Und deren Betriebe verschwanden über Nacht.

Und volkseigne Betriebe, die weltweit bekannt,
Waren urplötzlich in westlicher Hand.
Als Vorgesetzte auf allen Gebieten
Kamen aus dem Westen gutbezahlte Nieten.

Es war schon immer dort Mode,
Dass man sich Fachkräfte aus dem Ausland hole.
Und unsre Jugend, fleißig und klug,
Von denen bekamen sie gar nicht genug.

Die Alten und Kranken blieben einfach zurück.
Aus war der große Traum vom Glück.
Sie hatten Reisen und Wohlstand im Sinn,
Doch das meiste in die Hose ging.

Elisabeth Monsig, 2014

Türken, die in Deutschland leben

Türken, die in Deutschland leben,
sollten einfach danach streben,
Werte, die uns allen wichtig,
die auch demokratisch richtig,
als gegeben hinzunehmen
und nicht ständig abzulehnen.

Wer stimmt für Recep Erdogan
und dessen schlimmen Größenwahn,
der hat noch immer nicht gespürt,
wohin der dieses Land noch führt.
Mit der ihm gegebenen Macht
wird noch mancher umgebracht.

Das Referendum hat gezeigt,
dass hier die Mehrheit dazu neigt,
diese Macht zu akzeptieren,
doch das Volk kann nur verlieren.
Bis auf Erdogans Vasallen
schadet Diktatur doch allen.

Warum wird ein System gewählt,
in dem die Kritiker gequält,
sie rechtlos einfach inhaftiert,
die Justiz sich nicht lang ziert.
In Deutschland gibt es sowas nicht,
denn da entscheidet das Gericht.

Wer hier für Erdogan gestimmt
und deutsches Recht in Anspruch nimmt,
sollte einen Rückflug buchen
und die Diktatur versuchen!

Werner Hüper, 2017

Das Gesundheitswesen

Es ist nicht vermessen,
Das Gesundheitswesen kannste vergessen.
Denn bist du alt, das ist kein Spaß,
Erwartet man, du beißt ins Gras.
Und ist man jung und hat viel Kinder,
Macht das System sie nicht gesünder.
Viel Pillen werden nicht verschrieben,
Die kannst du kaufen nach Belieben.
Versicherung und Pharmazie,
Die sind so reich, wie wohl noch nie.

Elisabeth Monsig, 2016

Demokratie in Deutschland
(Merkels Wortbruch)

Regiert wird nach des Volkes Wille?
Entschieden wird in aller Stille.
Meistens hinter den Kulissen
wird die Wählerschaft beschissen.

So hat man Merkel doch vertraut
beim Kommentar zu Dobrindts Maut.
„Mit mir wird's eine Maut nicht geben,
auch wenn die Bayern danach streben."

Das hat sie vor der Wahl versprochen
und jetzt skrupellos gebrochen.
Denn in der „GroKo" wird gezockt
und so mancher Mist verbockt.

Ein Deal war mit der SPD,
die Kungelei war ziemlich zäh:
Stimmt ihr dem Mindestlohn mal zu,
dann habt ihr eure Maut im Nu.

Nun hat ein Land sich quergelegt,
bald war der Einwand weggefegt.
Denn Dobrindt fiel da schnell was ein,
tat hilfsbereit, nur so zum Schein.

Thüringen will Dobrindts Geld,
was dem natürlich nicht gefällt.
Für die Bahn braucht man Millionen
und Dobrindt will das Land belohnen,
wenn es seine Maut durchwinkt.

Der Wähler wird dabei gelinkt.
Was hat das Volk denn noch zu sagen,
wenn es geht um Zukunftsfragen?
Da Bayern Thüringen erpresst,
stinkt dieser Vorgang wie die Pest.

Mit Moral kommt man nicht weiter
auf der Politik-Karriereleiter.
Und Korruption ist angesagt,
der Wähler wird nicht mehr gefragt.

Merkel akzeptiert den Deal,
auf dem Spiel steht jedoch viel.
Die Wähler können es nicht fassen,
man kann sich nicht auf sie verlassen!

Werner Hüper, 2017

Innere VerFührung der Ratten & Bauern durch die Fänger

1964 stand
ich auf dem
Paradeplatz
zu Mannheim
noch zu Willy Brandt
gegen das schwarzbraun
beherrschte Land
die Lehrer
und die Pfaffen
Ich wollte dass
Die Republik
Nicht endet dort
Wo Weimar lag
Begraben unter
Buchenwald
und Massenmord
Da war ich 17
Jahre alt
Und wollte es doch schaffen
Und träumte da von
mehr Demokratie
und hörte den Grass
und sein EsPeDe
und abermals krähte
da der Hahn
und wie
und dann
Au Weh

Und ohne Not
Stand ich da trotz
Notstands- unddie Atom-Option
Nicht in Opposition
zur Bundeswehr
Der Willy ließ mich
und der Günter auch
dran glauben
Ich wusste nicht
noch nicht woher
der Inspekteur der
Bundeswehr
de Maizière,
der „Staatsbürger
in Uniform"
denn kam.
Das war dann
wohl das Mehr
statt Demokratie
das kleinere Übel
fürs niedere Volk
statt mehr Demokratie
mehr Volks-
wagen
wagen
von
VauWe
Mehr Demokrat-
die Kübel-
wagen
standen noch
im Arsenal

Jetzt fuhren sie wieder
mit braunem Korps
als Führungspersonal
Spruchkammer geprüft
persilscheinheilig
auf hohen Posten
Marschrichtung
Brandenburger Tor
nach Groß-Berlin
auf alter Spur
gen Osten ...

Hartmut Barth-Engelbart, 2017

Nachruf auf Helmut Kohl

Der Oggersheimer lebt nicht mehr.
Freunde trauern um ihn sehr
und würdigen sein Streben
im ereignisreichen Leben.

„Kanzler der Einheit" oft genannt,
doch leider wird dabei verkannt,
man sollte nicht so übertreiben,
ihm die Einheit zuzuschreiben.

Willy Brandt hat sehr besonnen
sehr viel früher schon begonnen,
die deutsche Teilung zu beklagen
und den Versöhnungsschritt zu wagen.

Allein dem Volk ist es zu danken,
dass das Regime begann zu wanken.
Alliierte waren bereit,
dass man die DDR befreit.

Um Kohls Leistung zu erfassen:
Er hat die Einheit zugelassen!
Und die Menschen dort belogen,
mit Versprechungen betrogen.

Denn er hat ziemlich unverfroren
blühende Landschaften beschworen.
Nur um bei der Wahl zu siegen,
war die Wahrheit zu verbiegen.

Ein Märchen wurde weit verbreitet,
als „Aufbau Ost" dann eingeleitet.
Der Osten würde profitieren,
in Wahrheit sollte er verlieren.

Und die Gelder, die geflossen,
haben Westfirmen genossen.
Kosten, die Gesamtverpflichtung,
gingen in die falsche Richtung.

Rentenkassen aus dem Westen
eigneten sich wohl am besten,
Einheitskosten zu bezahlen
und damit auch noch zu prahlen.

Nicht alles, was er angefasst,
hat so in seine Zeit gepasst.
Bei Amtsantritt hat er versprochen:
„Mit alten Werten wird gebrochen."

„Wertewandel" die Parole,
nicht nur zu desVolkes Wohle.

Auf Ehrenwertes wird verzichtet,
nach Helmut Kohl sich alles richtet.

Ging es um Gesetzestreue,
hielt er nichts von später Reue.
Spenden nahm er gerne ein,
auch illegal durften sie sein.

Wenn jemand andrer Meinung war,
war seine Strategie ganz klar:
Nur selten hat er sich geziert,
und Weggefährten abserviert.

Als „Macher" wird er heut' gesehen,
was nicht immer zu verstehen.
Hier darf man sicher nicht vergessen,
er hat Wichtiges oft ausgesessen.

Unbestritten sein Bestreben,
in einem freien Land zu leben.
Und für Europa kämpfte er,
als überzeugter Europäer.

Werner Hüper, 2017

Freiheit, lyrisch

„Unbestritten sein Bestreben, in einem freien Land zu leben." (Werner Hüper)

Deutschland ist dank Kohl ein Fall
von sehr freien Geldblutegeln.
Ein enormer Freiheitsstall,
der bewohnt von Gleichheitsflegeln.

Rene Wolf, 2017 (nach Heinrich Heine)

Der Wahlkampf hat begonnen

Wer seine Wähler ignoriert,
wird hoffentlich bald aussortiert.
Im September wird gewählt,
werden Stimmen ausgezählt.

Im Wahlkampf wird sehr viel gelogen
und der Wähler schwer betrogen.
Nach der Wahl kehrt Ruhe ein,
der Wähler hat dann still zu sein.

Wann wird endlich abgerechnet
und der Wahlbetrug geächtet?
Vielleicht wirkt Helmut Kohl noch nach,
der vom „Wertewandel" sprach?

Wählt man wieder „Politpfeifen",
haben Wähler zu begreifen,
dass sie letztlich selbst verlieren.
Werden sie das je kapieren?

Werner Hüper, 2017

Solidarität?

Solidarität mit den Prügelknaben dieses Staates?
Solidarität mit den Opfern dieser Prügelknaben!
Wie lang werden die Knaben noch einher traben,
Wie lang bleiben sie Opfer des staatichen Verrates?

Sie haben sich den Job doch selber ausgesucht
nur innerlich da wird er bis aufs Mark verflucht
Zu spüren bekommen die Armen Zorn und Hetze.
In den Massen verankert sich dumm Geschwätze.

Privateigentum, es muss dienen dem gemeinen Wohl
Ihr seid Teil des Volkes, also werdet Volkes Polizei
Erkennt Euren Platz, dreht es um das Gewaltmonopol
Richtet endlich gegen Eure Herren dieses
Hassgeschrei.

Miclas Lacorn, 2017

Schäubles Haushalt

Schäubles Haushalt ohne Schulden?
Der Wähler sollte es nicht dulden.
Man sieht doch auf den ersten Blick,
es handelt sich um einen Trick.

Es wird Wähler nicht entzücken,
dass verrotten Bahn und Brücken,
auch für die Straßen gibt's kein Geld,
selbst auf Bildung man nicht zählt.

Es werden die Etats beschnitten
und der Finanzbedarf bestritten.
Um die „Schwarze Null" zu schaffen,
lässt man große Löcher klaffen.

Schäden, die jetzt nicht behoben,
werden auf später nur verschoben.
Für Versäumnisse von heute
büßen bald die jungen Leute.

Mit dem Haushalt will er prahlen,
und die Jugend soll bezahlen.
Später muss sie dafür blechen,
das, Herr Schäuble, wird sich rächen.

Zwar sprudeln jetzt des Staates Steuern,
doch die Politiker beteuern,
dass wir mit den Überschüssen
auch den Banken helfen müssen.

In viele Krisen dieser Welt
schickt Deutschland unser Steuergeld.
Fast überall bezahlen wir,
viel besser bliebe das Geld hier.

Damit wir weltweit angesehen,
sollen wir wohl auch verstehen,
dass man fremde Länder lenkt,
indem man ihnen Waffen schenkt?

Bei angeblich leeren Kassen,
sollte man das besser lassen.
Die Politik verliert Vertrauen,
sie sollte in die Zukunft schauen.

Werner Hüper, 2015

Die Moritat von Frau von Strolch
(Melodie Mackie Messer)

Und der Haifisch, der hat Zähne
und die trägt er im Gesicht
Frau von Strolch hat viele Messer,
doch die Messer sieht man nicht

Finger hat sie, anstatt Flossen,
rot wenn sie das Blut vergießt
Frau'n und Kinder, an den Grenzen,
auf die sie im Geiste schießt

Weit im Süden, an der Küste,
liegt ein totes Kind am Strand
für Frau von Strolch sind das Diebe
und Verbrecher, allesamt

Ali Akbar ward gefunden,
voll mit Wasser, seine Brust
Frau von Strolch schärft ihre Messer,
für sie ist das kein Verlust

Und das große Feuer in Sachsen,
sieben Moslems und ein Greis
in der Menge Strolches Messer,
das gern grölt und gar nichts weiß

und ein Schwuler namens Meier,
für den mag sie Freiheit nicht
Frau von Strolch mag Richter Freisler,
neu will sie den im Gericht

Frau von Strolch ist voller Messer,
blitzen braun aus ihrem Hirn
und sie schneidet immer besser,
Angst und Not für sie Gewinn

Blaues Blut und Kronjuwelen,
lange Messer und ein Reich
Mackie Messer kann das geben,
doch wie hoch wird sein der Preis

Heim ins Reich will sie erleben,
Mackie welches ist dein Preis
Und die einen sind im Dunklen
und die andren sind im Licht

Frau von Strolch bräunt sich am Finstren,
deren Schatten siehst du nicht
Frau von Strolch zieht dich ins Zwielicht,
Goebbels Fratze das Gesicht

Chris Trubartic, 2017

Spitzenreiter

Deutschland ist Spitzenreiter.
Nicht in der Ausbildung.
Aber in der Ausbeutung.

Elisabeth Monsig, 2015

Die Interbanale

Wacht auf, Verdummte dieser Erde,
die stets man in die Schule zwingt.
Das Recht, wie Glut im Kraterherde
nun mit Macht zum Durchbruch dringt.

Reinen Tisch macht mit den Arbeitgebern.
Freut euch über Mindestlohn.
Ein Hoch den muntren Arbeitsstrebern
Bei Aldi und Vodafone!

Völker, hört das Banale!
Auf zum letzte Gefecht.
Die Interbanale
erkämpft das Menschenrecht.

Recht auf Würde und Friede,
Konkurrenz und Freiheit.
Und auf gerechte Kriege,
auf betreutes Flüchtlingsleid.

Es rettet euch ein höhres Wesen.
Wählt es, dann seid ihr frei.
An ihm werdet ihr bald genesen.
Es ist die gute Linkspartei.

Rene Wolf, 2017

Cool und Uncool

Uncool sind die Paragraphen
und – na klar – der Polizist,
der gewissenhafte Bürger,
der nun mal für Ordnung ist.

Uncool ist ein Kaffeekränzchen,
der gepflegte Umgangston,
Alkoholverbotsgesetze,
eine ernste Diskussion.

Uncool ist der gute Ratschlag,
Schulpflicht und auch Ehrlichkeit;
saubre Kleidung, Takt und Anstand,
eine feste Essenszeit.

Cool ist wenn du alles duldest,
selbst den größten Schweinekram;
wenn du Dramen lauthals feierst –
Mann, ist diese Welt doch arm!

Norbert van Tiggelen, 2017

Schöne Frohe Botschaft, frohes Herz

Knecht StRuckrecht kampfstiefelt
verschniefelt durch's
verschneite Bombodrom
auf der Wittstocker Heide
und schenkt uns zwar nicht seinen Sohn
dafür viele deutsche Jungs
mit Bajonnett, Barrett adrett
und folterrestistent
einsatztauglich
für das Kriseneinsatzmanagement
bis weit ins Reich
der Könige aus dem Morgenland
bis Peking hinter Samarkand
wo man Uran schon immer
Öl und Gold in größter Dürre fand
und über alle Tannenspitzen
siehst du EUROfighter flitzen
du hörst zuerst vom Himmelhoch
die Bomben fallen
und dann den Blitz
und dann kommt Lärm auch noch
die Stille Nacht ist nur ein Witz:
und ist das Höllenspektakel beendet
rast das nächte bereits
durch die Schallmauer
100 Kilometer nördlich von Jerichow
südlich von Wittstock irgendwo
klafft ein Einschlagsloch
neben dem andern:

"Das ist der Stern"
wie beim Milchstraßenwandern
sind die Hirten geblendet
und hören von fern
die Stimme des Herrn
Wir werden euch jetzt die Heide sperrn
und wer nicht weicht dem zerbomben zur Strafe
wir Hütten und Krippen und auch die Schafe
Knecht StRuckrecht sprach bei meiner Ehr
mein Ehrenwort ist lange her
und heute muß die Bundeswehr
halt nicht nur das Foltern übien
für Darfour und für Süd-Libyen
Heiden, Hecken-Schützen Busch
wir üben für den Hindukusch
zwischen Tobruck und El Alamein
schlagen unsre Bomben ein
bei Wittstock gibt es Heidenschrecken
nach Rheinsberg,Stechlin, Neuruppin
kommen schnelle Eingreiftruppen hin
um Heiligengrabe zu befrein
Erst dann vielleicht
erst dann vielleicht
stellt Groß Berlin
den Kreuzzug
gegen das Berlinchen
am Großen Baalsee ein.
vielleicht!
Mein Ehrenwort.

Hartmut Barth-Engelbart, 2004

Das Wohl unserer Kindeskinder

Was muss man heute ständig hören,
dass die Regierenden auf Nachhaltigkeit schwören.
Was das heißt, weiß nicht jedermann,
die Hauptsache ist, er glaubt daran.

So wollen sie nur um Gesetze ringen,
die den Kindeskindern Wohlstand bringen.
Gespart wird bei Rentnern und Kinderreichen
und bei vielen anderen, nur nicht ihresgleichen.

Sie möchten schwelgen, im Luxus leben
und sich über das arme Volk erheben.
Schulden machen sei vorbei,
sagte schon manche Regierungspartei.

Der Markt wird es richten, hörte man immer.
Doch das wird derzeit immer schlimmer.
Verkauft werden Häuser, Straßen und Schienen.
Wer großes Geld hat, kann sich bedienen.

Und sei es bis nach Amerika,
Millionäre gibt es hier und da.
Der Reichtum des Volkes im Angebot.
Wenn gleich der große Ausverkauf droht,
was bleibt dann übrig für Kindeskinder?

Der Laden ist leergefegt, ist nichts mehr zu finden.
Wer diesen Ausverkauf nicht will,
sei zu diesem Verbrechen niemals still.
Laut und vernehmlich wollen wir es sagen:
Für solche Verbrechen sind wir nicht zu haben!

Elisabeth Monsig, 2016

Frühling 2017

Die Kühle am Morgen,
noch immer die Sorgen,
dass, weil sie es wollen,
ein Krieg ausbricht.

Die Blindheit der Massen,
ich mag es nicht fassen,
hat wieder sie lassen
die Löcher verlassen.

Die immer es waren,
die Menschen zu hassen.
Brillanten, Moneten,
Cars wie Raketen,
tagtäglich sie beten
zum falschen Propheten,
die folgen dem goldenen Kalb.

Die Kühle am Morgen
vertreibt auch die Sorgen,
lässt hoffen die Guten,
dass schaffen die Massen,
den Krieg zu verpassen.

Lutz Kaminsky (человек), 2017

Die Lebensmittelindustrie

Die Lebensmittelindustrie
belügt Verbraucher wie noch nie.
Sie gibt sich selbst die besten Noten,
für alles, was so feilgeboten.

Doch verschweigt man allerhand
Gräueltaten in dem Land.
Tiere leben in der Masse,
wichtig ist nur noch die Kasse.

Es wird gemästet und gequält,
weil letztlich nur Profit noch zählt.
Rücksichtslos wird abgeschlachtet,
Tierschutz gar nicht mehr beachtet.

Auch wo es nicht um Tiere geht,
der Konsument im Abseits steht.
Selbst der Landbau ist verkommen,
zuviel Chemie wird dort genommen.

Im Supermarkt wird auch gelogen
und mit Verpackungen betrogen.
Die Päckchen groß, die Ware klein,
so legt man seine Kunden rein.

Die Manager von Einkaufsketten,
würden natürlich darauf wetten,
dass die Industrie das gerne macht,
weil so noch mehr Umsatz lacht.

Bei Interviews in diesen Kreisen,
hört man sie sich selber preisen.
Der Verbraucher sei das Ziel,
für ihn leiste man sehr viel.

Diese Worte sind Fassade,
das ist schade.

Werner Hüper, 2013

Alptraum

Möge unsre Erde bald
vor Terror nicht mehr weinen;
stattdessen sollten Völker sich
doch aufrichtig vereinen.

Möge unsre Erde bald
vor Neid nicht mehr erblassen;
es ist doch blöd, wenn Menschen sich
des Wohlstands wegen hassen.

Möge unsre Erde bald
vor Kälte nicht mehr frieren;
drum müssen die Politiker
der Länder reagieren.

Möge unsre Erde bald
aus diesem Spuk erwachen;
damit die Kinder dieser Welt
von Herzen wieder lachen.

Norbert van Tiggelen, 2017

Verträglicher Kapitalismus?

Viele Menschen kämpfen für einen vernünftigen, verträglichen Kapitalismus. Den Kapitalismus gibt es nicht. Das wäre das Gleiche, wie wenn man an dasMärchen mit den herabfallenden Goldtalern glauben würde.

Der Kapitalismus hat sich mehrere Standbeine geschaffen. Davon das wichtigste: die Millionen Arbeitslosen. Sie sind seine besten Helfer, mit denen er seine Arbeiter unter Druck ausbeuten kann. Dabei geht er bis an seine Grenzen.

Die große Angst vor Arbeitslosigkeit nutzt er voll aus. Die Arbeiter, die glauben, ihr Arbeitsplatz sei sicher, können von heute auf morgen ihre Sicherheit verlieren, falls die Bosse höhere Gewinne in Billiglohnländern wittern. Das Schicksal der treuen heimischen Arbeiter geht ihnen, den Managern und Aktionären, vollkommen am Arsch vorbei.

Ein wichtiger Helfer ist die Politik. Politiker, die mit Hilfe finanzieller Unterstützung der Wirtschaft an die Macht kommen, und dementsprechende Gesetze beschließen, die den Wirtschaftsbossen und ihren Aktionären die höchstmöglichen Profite garantieren.Die kleinen Leute werden mit Hilfe der Medien brutal gegeneinander ausgespielt, wodurch ihre Solidarität weitgehend zerstört wird. Wenn alles nicht reicht, ist ein Krieg für größere Ab-satzgebiete oder besondere „Schürfrechte" immer noch willkommen. Und genügend Söldner sind bei einem Millionenheer von Arbeitslosen gewiss kein Problem.

Elisabeth Monsig, 2015

Ich wünschte, ich wäre unsterblich

Geboren um zu sterben war ihm immer zu wenig, das Leben zu kurz, um alles zu verstehen. Er wollte diese Welt nicht nur begehen, sondern sie verstehen.

Geschichte erlebt und Geschichte geschrieben, doch gelernt aus der Geschichte hat er nie. Der Mensch ist immer wieder an sich selbst gescheitert, egal was ihm die Zukunft versprach.

Egoismus und Gier, daran ist er jedes Mal zerbrochen, so kam er immer wieder angekrochen. Hadernd mit seinem Schicksal, zweifelnd an der Freiheit seines Seins, versklavte er sich immer wieder aufs Neu.

Also warum soll er ewig leben, wenn er es nicht schafft, sich zu befreien aus der eigenen Haft?

Klaus Meier, 2015

Das letzte Lied

Das letzte Lied, das letzte Lied
müßt ihr euch selber singen.
Denn außer euch ist niemand da,
dem sowas könnt gelingen.

Es soll keins von den Bravsten sein
und keines von den Trübsten.
Wenn ihr uns fragt, ein Kampflied, Ja,
das wäre uns am liebsten.

Und allen, die euch gängeln wollen,
auch klugen Kommissaren,
und Parasiten und Vampiren
solls in die Knochen fahren.

Es soll eins von den Starken sein
und eines von den Schönen.
Die Lautsprecher der Herrschenden,
die muß es übertönen.

Es soll eins voller Fragen sein
und eines voller Zweifel.
Und mischt sich ein Solist hinein,
so schickt ihn doch zum Teufel.

Es soll ein selbstgedachtes sein
und eines voller Klarheit,
denn Vorsänger, die gibt es nicht,
im Vollbesitz der Wahrheit.

Es soll keins von den Alten sein,
das jemand wo hervorgrabt.
Das letzte Lied macht allen klar,
daß ihr das letzte Wort habt.

Das letzte Lied, das letzte Lied
müßt ihr euch selber singen.
Denn außer euch ist niemand da,
dem so was könnt gelingen.

Heinz R. Unger, Die Schmetterlinge, 1979

Die Autorinnen und Autoren

Hartmut Barth-Engelbart - alias HaBE, geboren 1947 in Michelstadt/Odw, 1961 Schulverweis aus politischen Gründen, 1964 Schulverweis wg. Unterstützung mit Liedern des Streiks für Lohnfortzahlung bei Krankheit, IG-Metall-Ehrenmitglied seit 1964, Zeitsoldat (Z2), Reserveoffiziersanwärter, Kriegsdienstverweigerung in der Bundeswehr, Unteroffiziersausbilder, Umtextung des Bundeswehr-Gesangbuches, Singer-Songwriter bei DREAMS & Black Angels, Zivildienst, Knast, Bauarbeiter, Landschaftsgärtner, Grafiker, Schriftsteller, Leiter des SDS-Bundesvorstandsbüros, Bundesvorstand des AUSS, Studium der Psychologie, Pädagogik, Ethnologie, Geschichte, Soziologie, Doktorand bei Prof. Heydorn, Streikleiter beim GEW-Streik der Lehrbeauftragten 1972, Grundschullehrer, Berufsverbot, Lagerarbeiter, Tarifeur, Nahverkehrskutscher, Chemiearbeiter, Personalrats-Co-Vorsitzender, GEW-LaVo-Mitglied Hessen, 1978 GEW-Ausschluss wg. Unvereinbarkeitsbeschluss, KBW-Mitglied ab 1974 bis zum Austritt 1978, Umschülervertreter & Umschullehrer, Sanitärmontagehelfer, IHK-Ausbilder für Verkehrsfachwirte, Betriebsratsvorsitzender, Fernfahrer-Streikleitungsmitglied, Musikschullehrer, wieder Grundschullehrer ab 1991, Chorleiter, Streetworker, Jugendzentrumsleiter, Kommunalpolitiker; Schriftsteller, Musiker und Historiker.

Wilfried Bergholz, geboren 1953, begann seine berufliche Laufbahn beim Jugendradio DT64, studierte Psychologie, war in Berlin (DDR) in den 1980er Jahren freier Journalist und Schriftsteller. Die vorliegenden Texte stammen aus dem Buch „Umsturz im Kopf" (1987 und 2017). 2015 veröffentlichte er seine Autobiografie unter dem Titel: „Die letzte Fahrt mit dem Fahrrad - 19 Gespräche mit Matteo über Mut, Glück und Aufbegehren in der DDR" (siehe hinten).

Abel Doering, geboren 1952 in der DDR, Vater Kulturfunktionär der ersten Stunde, Mutter Studentin der Bildenden Kunst, drei Geschwister. POS, 1968 Lehrausbildung EDV, Abitur an der Abendschule, Programmierer, Lehrausbilder, drei Jahre Wehrersatzdienst, Kellner, Friedhofsarbeiter, Platzanweiser, Pförtner, ab 1975 Studium der Philosophie, ab 1981 Staats- und Rechtswissenschaften. Wissenschaftlicher Mitarbeiter im Ministerium für Gesundheitswesen der DDR, ab 1989 bis Anfang 2017 Hinterhof-Antiquariat.

Das Rote Sprachrohr – Kiel erfreute in den 1970er und 1980er Jahren das Ohr der Kieler Werktätigen. Vor Betrieben, in Einkaufsstraßen und auf Demonstrationen hörte man sie und ihren Auftaktsong „Wir sprechen aus was Euch betrifft!" Der Agitproptrupp der KPD Kiel errang 1978 beim Arbeitertheater-Festival in Dortmund den zweiten Platz.

Jürgen Eger, geboren 1954 in Berlin, Hauptstadt der DDR. Von der Einschulung bis zum Abschluss des Diplomstudiengangs Elektronik/Technologie an der TU Dresden durchlief er einen normalen DDR-Lebensbeschreitungsweg. Er nahm Gesangsunterricht, war Nachhilfelehrer, erhielt 1981 einen Sängerpreis bei den DDR-nationalen Chansontagen in Frankfurt/Oder. Berufsausweis als staatlich anerkannter DDR

Chansonsänger, arbeitete als Publizist und Regisseur, bezeichnete sich selbst gern als einziger „staatlich-anerkannt freischaffender Agitator" der DDR. Studierte 7 Jahre lang selbstbestimmt und privat an der Berliner Musikhochschule und an der Humboldt Universität Berlin, textete auch für andere, machte Theater, hatte in DDR-Endzeiten eine Band, mit der er DDR-Rock- und Pop-Lieder präsentierte, die nicht über den Rundfunk gesendet wurden.

Im Herbst 1989 war er an diversen Kollektivunternehmungen zur Verteidigung und Verbesserung der DDR aktiv, bekam als FDJ-Kunstpreisträger auch (noch) den DDR-Kunstpreis. Anfang Dezember 1989 wurde er nach eigenen Worten „von Biermann & Co. abgestraft und in die Volksverhetzungssuppe gehackt... Der Biermann war sozusagen vorgeschickt, die kohlsche Neuauflage des hitlerschen Kommissarbefehls durch- und auszugeben." Es folgten mehrere Berufsverbote, Degradierungen, Plattmachen, Strafverfolgungen usw. So verliert sich, nach seinen Angaben, seine künstlerische Spur in der Totalzensur der Anschlussdiktatoren.

Elbe 1 (vormals Elbspeelers) tourte Ende der 1970er und Anfang der 1980er Jahre durch Norddeutschland. Die Band mit dem eindeutigen Klassenstandpunkt machte mit ihren Songs auf Missstände in Hamburg und Umgebung aufmerksam, erklärte, dass sie keine Einzelfälle sind und ermutigte ihre Zuhörer/innen zum Kämpfen. Die Aufnahmen für ihre LPs machten Andreas, Barbara, Frank, Jens, Karsten, Martin, und Willi im berühmten Schmetter-Sound-Studio der Gruppe Schmetterlinge in Wien.

Emko, geboren 1960 in Münster/NRW, schrieb schon immer gern seine Gedanken auf. Er ist seit 1983 in der kommunistischen Bewegung aktiv, lebt und arbeitet im Westallgäu.

Susanne Fiebig, geboren 1980, wohnt in Hamburg, hat drei Kinder, arbeitet für ein Catering-Unternehmen.Seit 2014 kocht sie zu Hause ehrenamtlich für Obdachlose und setzt sich auf vielerlei Weise für die Ärmsten der Armen ein. Ihre regelmäßigen Veröffentlichungen in der Onlinezeitung „American Rebel" zeugen von tiefer solidarischer Anteilnahme und Wissen. Sie ist Mitglied der Partei „Die Linke".

Werner Hüper, geboren 1942 in Hannover, lebt seit 2005 in der Holsteinischen Schweiz. Im „Unruhestand" widmet er sich seinen Hobbys Golf und Kochen. Seine neue Leidenschaft ist das Schreiben von Kurzgeschichten, Gedichten und Romanen.

Fiete Jensen, Tischler, Kommunist, Jugendvertreter, Wehrdienstverweigerer, Werftarbeiter, Zwangsselbstständiger, leitender Mitarbeiter in der linken außerschulischen Jugendbildung, Redakteur und Webdesigner, ist heute im Vorruhestand und fordert andere mit seinen Texten und Aktionen immer wieder aus der Reserve.

Lutz Kaminsky aus Offenbach am Main, geboren 1963 im „Gänseblümchenland" (Brandenburg). Dort aufgewachsen und sozialisiert, kämpfte mit der Waffe in der Hand für den Frieden und jetzt mit der Tastatur. Er hat das Herz da, wo es hingehört – links.

Miclas Lacorn aus Marburg ist Mitglied der KPD.

malcom.z, der weiße nigger aus deutsch-nordost, ein ehemaliger mensch der ehemaligen DDR, schreibt über sich selbst: „Ich bin DDR-Widerstands-kämpfer, Hinter- und Untergründler, Verteidiger des Volkes und des DDR-Patriotismus, Ergründer und Schreiber der Wahrheit gegen die Lügen des An-schluss-Regimes. Ich bin eine ins Ortlose tendierende zeitlose Figur, da die herrenmenschelnden Kolonial-diktatoren aller Zeiten solche nie losgeworden sind und wohl auch zukünftig nicht loswerden."
Einige der Werke von malcom.z sind auf der „Edition Flaschenpost" präsent. Unter anderem gibt es von ihm eine zweibändige Analyse des Falles des DDR-Na-tionalpreisträgers Kurt Demmler, der einer der wich-tigsten DDR-Liedermacher war und der bedeutendste Rock- und Pop-Poet im deutschen Sprachgebrauch, eine Analyse des Falles NSU und zuletzt: „Der Stählerne" Teil I – V. Ein Beitrag zum 100. Jahrestag der Großen Sozialistischen Oktoberrevolution. Eine Richtigstellung in Sachen Josef Stalin und eine Analyse der Weltherrschaftskriegs-Propaganda seit 1933 und 1945.

Klaus Meier, geboren 1965 in Berlin, aufgewachsen in einer politisch desinteressierten Arbeiterfamilie, glaubte lange an die Leistungsgesellschaft und dass jeder die gleichen Möglichkeiten hätte. Das Leben lehrte ihn, dass es nicht so ist. Dadurch politisch aktiviert, schreibt er humanistische linke Texte und wurde Verfechter des bedingungslosen Grundein-kommens sowie kommunalpolitisch aktiv.

Elisabeth Monsig, „Die Rote Oma", geboren 1924 in Köln als Tochter eines Schreiners und einer Hausfrau, hatte vier Geschwister. Die Eltern waren Mitglieder der KPD, der Vater wurde 1933 von den Faschisten ermordet. Einschulung 1930, beendete, als Atheistin, die 8. Klasse an der katholischen Volksschule. Arbeitete in einer Tischlerei, später als Haushaltshilfe in der Eifel. 1942 Lehre als Industriekauffrau im rheinischen Braunkohlen-Syndikat, seit 1945 Mitglied der KPD. Sie hat zwei Kinder geboren, wurde arbeitslos, war auf Wohlfahrtshilfe angewiesen. Durch KPD und Gewerkschaft Kontakt zur DDR, verließ 1954 die BRD, um mit den Kindern in die DDR zu ziehen, die zu ihrer zweiten Heimat wurde. Sie bekam sofort Arbeit und die Kinder einen Krippenplatz in Krumpa, Kreis Merseburg im VEB Mineralölwerk Lützkendorf. 1970 Umzug mit ihrem zweiten Mann nach Schwedt an der Oder. Sie arbeitete 12 Jahre im Petrolchemischen Kombinat als Materialplanerin, die letzten zwei Jahre vor der Rente im Schulwesen in der Lehrmittelausgabe. Wohnt seit 2011 allein in Gartz, ist Mitglied der DKP und nach wie vor politisch aktiv. 2016 nahm sie am Ostermarsch für Frieden und Abrüstung in Potsdam teil. Im August 2017 war sie Teilnehmerin des Antifaschistischen Riesengebirgstreffens in Mala Upa in Tschechien. Ihre Texte und Zukunftsversionen geben vielen Menschen Mut, denn sie sagen uns immer wieder: „Trotz alledem"!

Gerald Schwember aus Berlin, geboren 1948, Schriftsetzer, Bodenleger, gelegentlich als autodidaktischer „Geschichtenerzähler" - manchmal gemeinsam mit seinem Sohn Fedja - mit der Gitarre unterwegs.

Hermann Palmer, geboren 1944, verlor seinen Vater am Ende des 2. Weltkrieges in Frankreich. Gelernter Buchdrucker, arbeitete auch im moderneren Offsetdruck und im Tiefdruck. Sein wirkliches Interesse galt dem Papier und dessen fertigungstechnischen Problemen. Er beschäftigte sich mit der Fertigungsplanung und Programmen für Fertigungsplanung, ist dadurch viel herum gekommen und lernte viele interessante Menschen kennen. 45 lange Arbeitsjahre hatte er in den großen Rechenzentren und Druckereien mit Papier zu tun. Gleichzeitig hat er sich privat immer für die Menschen und ihre Verhaltensweisen interessiert, für ihren gesetzlichen Überbau, der eigentlich das friedliche Zusammenleben regeln sollte. Er hat die Menschen ein Leben lang beobachtet und nicht vieles hat ihm gefallen, was er da gesehen hat.

Antje Potratz, geboren 1969 in Gladbeck (NRW). Ihr Schwerpunkt ist das SGB II, besser bekannt als Hartz-IV. Sie ist seit Jahren ehrenamtlich in der Bürgerberatung tätig und Mitglied in der DKP.

Dean Reed, geboren 1938 in Denver (USA), gestorben 1986 in Berlin (DDR), war Sänger, Komponist, Schauspieler, Regisseur, Entertainer und Mitglied des Weltfriedensrates, nutzte seine Popularität für Aktionen gegen Krieg, Unterdrückung und Ausbeutung, die ihn, auch verbunden mit seinem Beruf, u. a. nach Argentinien, Brasilien, Chile, Spanien, Uruguay, USA, Italien, Palästina, Nikaragua, in die Sowjetunion und in den Libanon führten. 1970 unterstützte er im chilenischen Wahlkampf die Unidad Popular und Salvador Allende.

Ilga Röder, geboren 1950, belegte nach einem Arbeitsleben als Übersetzerin für Französisch und Englisch und später als Alten-und Kinderpflegerin Sprachkurse in Russisch, Gebärdensprache, Chinesisch, Japanisch mit Kalligrafie. Aus der Beschäftigung mit der asiatischen Kunst entstanden zwei Bücher und eine CD mit Haikugedichten, illustriert mit Kalligrafien. Ausstellungen eigener Bilder, Lesungen sowie Theaterspielen in Gebärdensprache folgten. Ihr drittes Buch wurde durch den Sozialisten, Schauspieler und Sänger Dean Reed und sein Engagement für Frieden und Gerechtigkeit inspiriert. Ihr neuestes Projekt ist die Mitarbeit an einer grenzüberschreitenden deutsch-französischen Arbeitslosenzeitung.

Ronja Rouge, geboren 1977 in Niedersachsen, lebt seit mehr als 20 Jahren in ihrer Wahlheimat Berlin und hat mittlerweile die passende Berliner Schnauze. Sie zeigt diese gerne mit Clownsnase bewaffnet in U-Bahnen oder lebt an anderen Orten die Straßenkunst als wunderbunte Ronja. Neben dem Schreiben stiftet sie andere an, mit Kreide die Welt bunt zu malen."

Karl-Heinz Schulze, geboren 1955 in Burg bei Magdeburg, lebt heute in Sassnitz auf der Insel Rügen. Mit 15 Jahren Mitglied des FDGB, mit 21 Mitglied der SED. Gesellschaftlich immer aktiv, arbeitete sein halbes Leben lang bei den Städtischen Gewächshäusern Magdeburg als Gärtner für Tropenpflanzen, verdiente sein Brot auch als Fliesenleger, Bürokaufmann und bei der NVA. Sein Lebensmotto lautet: „Lieber aufrecht durch das Leben gehen als kniend zu sterben oder wie eine Schnecke den Herrschaften zu Füße kriechen".

Er kandidierte im September 2017 als Direktkandidat der MLPD für den Deutschen Bundestag.

Norbert van Tiggelen, geboren 1964, begann 2002 damit, seine Empfindungen in Gedichten auszudrücken, nachdem er mehrere Jahre Tagebuch über sein damals sehr bewegtes Leben geführt hatte. „Die Feder des kleinen Mannes", wie er sich selbst gerne nennt, scheut vor kaum einem Thema zurück; ob sozialkritisch, humorvoll, nachdenklich, frivol oder zeitgemäß, lässt er seinen Gedanken in mittlerweile über 2000 Gedichten freien Lauf. Er ist seit 2012 verheiratet und wohnt mit seiner Frau Jeannette sowie seinen beiden Kindern im Ortsteil Röhlinghausen, in der bis 1975 so heißenden „Mondstadt" Wanne-Eickel (heute Herne 2) im Ruhrgebiet.

Tobias Thiele, geboren 1986 in Berlin (DDR), abgebrochenes Studium der Musikwissenschaft und Spanisch (Romanistik), Förderpreisträger der Liederbestenliste, publizistische Tätigkeit beim „Verlag 8. Mai - Melodie und Rhythmus". Langjähriger ehrenamtlicher Helfer bei Cuba Sí – AG der Partei „Die Linke".

Chris Trubartic, geboren 1956, trägt den Künstlernamen Trubartic zum einen aus Seelenverwandtschaft zum weltbekannten Barden und Freund von Asterix und Obelix, da ihn seine Familie hin und wieder gern fesseln und knebeln will, wenn er unablässig seine Verse probiert, und zum anderen, da es heutzutage sehr schwierig ist, kritische Texte unter Klarnamen zu veröffentlichen, insbesondere, wenn es um die gewaltbereite, rechte Szene in Deutschland und auch anderswo geht.

Er ist seit ca. 20 Jahren Sozialarbeiter in der Jugend-
hilfe. Vorher hat er in vielen Bereichen gearbeitet und
studiert, war Hauptschüler mit schlechtem Abschluss-
zeugnis, Hilfsarbeiter im Sägewerk, im Atomkraft-
werk und auf dem Bau. Er lernte Zimmerer, war
Kranken-, Taxi- und LKW-Fahrer, studierte über den
zweiten Bildungsweg Sozialwissenschaften, war in
den 1990er Jahren Lehrer für Pflegebereiche in den
„neuen Ländern", Berlin und Norddeutschland, war in
vielen Ländern dieser Welt, spricht rudimentär einige
Sprachen, kennt viele Menschen in und aus unter-
schiedlichen Ländern und Kontinenten, empfindet
sich in erster Linie als Terraner, in zweiter als
Europäer. Zur Musik kommt Trubartic auf Umwegen,
erst seit 5 Jahren probiert er sich an der Gitarre. Texte
schrieb er schon immer, ist in seinen 20ern mit
Gedichten und 2 Gitarristen aufgetreten. Seit April
2016 veröffentlicht er bei YouTube seine „Lieder
gegen Menschenverachtung", die er gemeinsam mit
einem professionellen Musiker produziert.

Heinz Rudolf Unger schloss 1953 seine Ausbildung
zum Schriftsetzer ab. Seine anschließenden Reisen per
Autostopp entlang der Mittelmeerküste bildeten die
Grundlage für den 1992 erschienenen Jugendroman
"Däumling reist windwärts". 1959 war er Verlagsher-
steller, wobei er u. a. durch den in England lebenden
Joseph Kalmer, einen Freund Erich Frieds, mit einer
wichtigen Londoner Literaturagentur in Kontakt kam.
Arbeitete später als Werbetexter, bevor er sich 1968
für ein Leben als freischaffender Schriftsteller ent-
schied. Einen einjährigen Aufenthalt in den USA
verarbeitete er in seinem ersten Lyrikband „In der
Stadt der Barbaren" (1971). Seit den 1980er Jahren

hält er sich außer in Wien auch regelmäßig in Griechenland auf. Die Beziehung zu diesem Land spiegelt sich im 1999 verlegten „Karneval der Götter" wider. Im August 1971 wurde mit der Uraufführung seines Stücks „Trausenit tut totentanzen" im ersten Hof des Hauses des Deutschen Ritterordens ein neues Wiener Freilufttheater eröffnet. Mitte der 1970er Jahre schrieb er den Großteil der Texte für das zweieinhalbstündige historisch-politische Oratorium „Proletenpassion" der Politrock-Gruppe „Schmetter-linge", eine 1976 bei den Wiener Festwochen ur-aufgeführte musikalische Revue der revolutionären Bewegungen der Neuzeit aus der Sicht von unten.

Frank Viehweg, geboren 1960 in Wolgast, erlernte ab Mitte der 1970er Jahre autodidaktisch das Gitarren-spiel und war ab 1978 Mitglied im Singeklub der Peene-Werft. 1981 Ausschluss aus SED und FDJ auf Grund eines Liedes und eines Gedichtes, danach Magaziner in der Berliner Stadtbibliothek. 1983 Aus-zeichnung mit dem Reinhard-Weisbach-Preis der FDJ. Seit 1985 freiberuflicher Liedermacher, Textautor und Nachdichter. Rundfunkproduktionen und zahlreiche Veröffentlichungen in Zeitschriften und Anthologien. 1989 erschiensein Kinderbuch „Besuch bei Franz". In der Folgezeit gab es kontinuierliche Veröffentlichun-gen von Büchern und CDs.

Bahman Warsdasbi, geboren 1987 in Teheran, kam im Alter von drei Jahren nach Deutschland und lebt seit fünf Jahren in Berlin. Der 28-jährige Student fin-det es absurd, hier zu leben, Teil der Gesellschaft zu sein, und trotzdem nicht wählen zu dürfen.

Matthias Wolf, geboren 1987, wuchs in Leipzig auf, wo er ein klassisch-humanistisches Gymnasium mit Sprachzweig besuchte und 2006 sein Abitur machte. Er studierte in Potsdam Romanistik und Erziehungswissenschaften und wurde 2013 Mitglied der Partei „Die Linke". Wenig später begann er seine publizistische Tätigkeit bei „American Rebel". Seine Arbeiten umfassen politische Essays und Erlebnisberichte zu aktuellen Vorkommnissen sowie Gedichte und Kurzgeschichten.

Rene Wolf, Redner, Schauspieler, Marxist, Familienverweigerer und Teilhaber einer offenen Zweierbeziehung (Polyamorist), Allesfresser (non-vegan). Autoverweigerer, Liegeradfahrer, Polemiker und Dekonstrukteur. Reserviert Liebhabern des Denkens seine ergaunerte Zeit zum Zwecke der Revolution und des schönen Lebens bis dahin.